大展好書 好書大展

大展好書 好書大展

命理與預言57

愛情速配指數解析

彤雲編輯組

大展出版社有限公司

前　言

「你是什麼性格的人?」「與何種人的屬性較速配呢?」

如果別人這麼問你，你將會如何回答?

相信很少人會斬釘截鐵的回答:「我是△△性格」、「我與△△型的人合得來」。頂多只能模稜兩可的說:「別人說我很開朗」或是「我想我比較喜歡文靜的人」。

我們經常自以為比任何人都瞭解自己，但這其實是過小的觀點。就如同玻璃水槽中的熱帶魚，看不見自己美麗的顏色與姿態一樣，我們也無法察覺自己，或者只是自認為性格「普通」罷了。

若是脫離自己這個狹隘的視野，以更大的觀點看他人，結果會如何呢?詢問閱人無數的學校教師、或企業的人事主管，結果他們的回答是「我不知道為什麼，但是因為入學或進入公司的年度不同，感覺上每個人都有獨特的性格特徵。」

以往我們進行血型與性格的研究，調查過許多人的心理檢查、蒐集過許多資料，雖然累積了許多豐碩成果，卻也發現有些人的個性與其血型「不符合」，而同樣血型的人當中，性格也有許多變化，究竟為什麼呢？我感覺很疑惑。

但是這些老師與人事部門的主管，使我們有了靈感，開始想要探究「為什麼」。

得到以下結論：出生年月日會使我們受到宇宙及自然節氣的很大影響。

為什麼某一年所出產的蘋果小而甜，而某一年的蘋果則形狀美麗卻淡而無味？人類是地球上的生物，其性格與生活方式的型態，每一年都有不同的特徵，為了讓大家瞭解這一點而寫作本書。特別在面臨戀愛、婚姻的人生大事時，若能巧妙活用出生年月日的特徵，當然能獲得無比的喜悅。

目錄

第二章　你的理想對象是哪一型？

第三章 有效的接觸法

第四章　男女速配度

第五章　結婚之後會成為怎樣的丈夫或妻子？

目　錄

第一章

在意的那個人以及你自己屬於什麼類型呢？

由出生年月日（宇宙意識）瞭解九大型態

●性格與速配性會受到出生年月日（宇宙意識）的影響

例如在相親的宴會上、或是朋友介紹異性時，若想在短暫時間內看清對方是什麼樣的人，你會注意對方的什麼地方？

有人說在相親席上最好「看坐在鄰座的父母」，因為外表與先天的氣質是來自父母的遺傳。但是，孩子並非單純的父母翻版，隔代遺傳也有可能，或是對方生長的地區和家庭環境，對於性格的形成多少都會造成影響。而且即使是生長於同一家庭中的兄弟，在性格上也有所差距。所以即使時間短暫，還是要透過交往，觀察此人的思考型態、行動模式，儘量瞭解對方為宜。

造就個人思考型態與行動模式的根源，是存在於個人心中的三大「意識」。第一是顯在意識。顯在意識是指置身於某種狀況時，會邏輯的判斷「應該這麼做」，而展現於行動的表面意識。例如在相親席上，會想要「讓對方覺得自己很好」，因此表現出不同尋常的禮貌，吃東西也會努力不發出喝湯的聲音。

第二是潛在意識。潛在意識是顯在意識深處的意識，是在以往的生活中，經由學習之習慣、經驗累積而成的意識。因此如果是有禮貌的人，在無意識中也會有禮貌的說話，無論是刀叉或湯匙都使用得非常得體。

第三是深層意識。深層意識是由遠祖時代一直到自己為止，長久一族的歷史中所學習、傳承之習慣與經驗之累積意識，會支配潛在意識。包括了社會上普遍的思考方式，以及從家族系統中傳承的能力。能夠支撐或支配我們的精神活動之意識，就是以上三種。

而以長年累月進行「性格分析、人類觀察法」的研究，發現還有另一種對人類思考型態與行為模式造成影響的第四意識存在。

這就是出生年月日（宇宙意識）。也許我們的五感無法察覺，由宇宙發出的宇宙線、電磁波、超音波、不可視光線等，時時刻刻發生變化，對地球上的萬物產生影響力，而人類的意識也因為這種影響而形成一種特徵。這對於瞭解人類的性格與速配性而言，是一大重點。

●出生年月日（宇宙意識）的九大分類

「我們的內側受到深層意識、外側受到出生年月日（宇宙意識）的支撐、影響，由於受其支配，而選擇科學無法得知、連自己都無法理解的生活方式，並實行之。」

若想探索某人的深層意識，當然心理學造詣深的人可能辦得到。但是深層意識處於意識的深處，對一般人而言，可能需要長年交往、研究對方的心理才能掌握，而利用出生年月日調查性格的方法非常簡單，並且能準確看出個人的內在。

出生年月日（宇宙意識）可分為九種型態。地球的自轉與公轉具有一定的週期，基於其週期性，每隔幾年宇宙作用就會回到相同的條件。因此，你若想知道交往的對象屬於其中哪一型，只要查閱後頁的出生年表即可。必須注意的是，在此一年的區分方式，與一般曆法區分的方式不同。

普通年曆的一月一日至十二月三十一日為一年，而這裡則是以二月四日

1型	1891, 1900, 1909, 1918, 1927, 1936, 1945, 1954, 1963, 1972, 1981, 1990 年生
2型	1890, 1899, 1908, 1917, 1926, 1935, 1944, 1953, 1962, 1971, 1980, 1989 年生
3型	1889, 1898, 1907, 1916, 1925, 1934, 1943, 1952, 1961, 1970, 1979, 1988 年生
4型	1888, 1897, 1906, 1915, 1924, 1933, 1942, 1951, 1960, 1969, 1978, 1987 年生
5型	1887, 1896, 1905, 1914, 1923, 1932, 1941, 1950, 1959, 1968, 1977, 1986 年生
6型	1886, 1895, 1904, 1913, 1922, 1931, 1940, 1949, 1958, 1967, 1976, 1985, 1994 年生
7型	1894, 1903, 1912, 1921, 1930, 1939, 1948, 1957, 1966, 1975, 1984, 1993 年生
8型	1893, 1902, 1911, 1920, 1929, 1938, 1947, 1956, 1965, 1974, 1983, 1992 年生
9型	1892, 1901, 1910, 1919, 1928, 1937, 1946, 1955, 1964, 1973, 1982, 1991 年生

至翌年的二月三日為一年。例如一九七五年一月一日至二月三日出生的人，就是屬於前一年的一九七四年之第8型。

此外，出生月與出生日也都有九種型態，與出生年組合之後，更能明確瞭解每個人的個性，但因無法全部寫在一本書中，所以在此割愛不提。

出生年月日（宇宙意識）分為三群

出生年月日（宇宙意識）分為九大型態，而由其性格特徵、思考模式與行動的類型看來，又可以歸類為以下三群。

●類型1、4、7群——共通的關鍵字是「情」，這三型是特別重視人心與心交往的一群。具備著豐富的情感、待人溫柔，言語行動都十分圓滑。思考模式也同樣是曲線的，能夠接受曖昧不清，具有纖細的感覺。有時可能會很難劃清界限，但是不拘泥於任何限制，對於事物有柔軟應付的能力，這在不確定的現代，或許是很有用的能力。在工作的場合，待人處事有融和性，並能夠順從上司的指示。

●類型2、5、8群——共通的關鍵字是「意」，這三型是非常堅強、堅定，對任何事物都會不斷努力達成的人，在思考模式上十分注重現實、常識。雖然是屬於相當踏實的一群，但會太過執著於事實與自己的體驗。由於思考極為直率，容易流於一成不變，而且視野有比較狹隘的傾向。

在工作方面非常認真負責，會遵循一定的範圍與規則處理事物，所以比較不容易失敗。但是一旦要捨棄範圍與規則而自由行動時，反而會感到困惑。能夠活用坦率的優點。

●類型3、6、9群——共通的關鍵字是「知」，這三型都具有旺盛知的好奇心，對事物的看法具有全方位性，能夠以清晰的頭腦處理事物、公平判斷，但是性格方面非常倔強。

待人處事太過固執，不過頭腦本身十分靈活，具有廣闊的視野，也懂得配合狀況因應。此外，不會受到常識與既成概念束縛，是屬於能自由發想的類型。在工作方面活用獨特的能力與指導力，能夠發揮主體的作用處理事物，但是另一方面，只要違背自己的意思即無法接受，可謂頑固份子。具有獨立獨步的精神，但是必須注意不要過度任性。

相信各位已經瞭解出生年月日（宇宙意識）的法則性，接下來為各位詳細解說1至9的個別類型。

1型的人↓給人柔和印象的知識份子

無論男性或女性都富於智慧、非常聰明，給人柔和的印象，這就是1型的人。當大家騷動時，他可以站在遠方眺望眾人，很容易理解他人的性格，但是與人交往稍嫌消極。而眾人之所以喜歡他，是因為他是很好的聽眾，並且非常注意小細節。雖然不會積極的刻意表現，但是越和他交往、越能發現其出眾的性格。

看似順從的1型人，其實內心有屬於自己的世界，意外的非常頑固。雖然對別人的說法會如楊柳般搖擺，但結果是除非自己能接受，否則絕不會因而動搖。看起來有點冷淡的他，對於自己重視的人事物，卻能努力的加以照顧。

此外，在人際關係方面比別人更用心，具有神經質的一面，也是容易罹患神經性胃炎的類型。所以不要只和與自己相同類型的人在一起，應該多與性格開朗、明快的人交往。

▼1型人的優點

・言行穩重，待人接物和藹可親。
・具有敏銳的觀察眼光，善於掌握他人的心情。
・不喜歡爭執，非常溫柔。
・思慮深沈，冷靜沈著。
・有自己的方法，按照自己的步調前進。
・對於環境具有適應性，忍耐力強。
・有禮貌，為謙虛的常識派。

▼1型人的缺點

・優柔寡斷，容易擔心。
・內向，對他人的警戒心強。

・外表柔和，內在頑固。
・容易變成八面玲瓏的人。
・略帶神經質，容易感覺不滿。
・需要多花時間才能決斷與展現行動。

▼血型與性格

A型：慎重、謙虛的1型人，本來就是屬於A型。會成為八面玲瓏的人、容易擔心，所以在異性面前坦白的表現自我，非常重要。

O型：O型自我主張的成分較少，屬於溫柔氣質的人。但是內心會不會覺得不滿呢？千萬不要畏懼。

B型：除了1型性格之外，再加上我行我素的B型，卻非常懂得掌握他人的心態，而且對事物非常執著。

AB型：十分注意細節，又能裝作若無其事的進行事物，非常冷靜，給人很酷的印象。

1型男性的特徵　有智慧、令人安心的類型

1型的男性並非領導者，而是活用頭腦的參謀型。雖然在團體中不起眼，但是與人交談時，會非常重視對方的話語，也擁有自己的世界與方法，是能夠散發魅力光輝的人。尤其對於嚴肅話題與文化事物感興趣的女性而言，這類男性是非常好的談話對象。

1型男性就是所謂的紳士，對女性非常溫柔親切，不會太大男人主義，容易令女性安心。不過，也許不會將他視為異性，只當作是好朋友。

但是，1型男性在發生事情時，是值得依賴的人。在發生任何困難、或問題時，他會表現毅然決然的態度保護女朋友，所以能夠得到相當高的評價。

1型女性的特徵　典雅又堅強

即使沒有穿著華麗的服裝或化妝，內在還是會湧現女性的溫柔，這就是1型的女性。一舉手一投足、連說話方式都充滿女性的柔美，善於利用氣氛

傳達自己的心情。能夠若無其事的創造出典雅氣氛，射中男性的心。

1型女性通常能敏銳的感受對方心情，但是她不僅溫柔，而且十分堅強，如果碰到不合自己心意的情況，會斬釘截鐵的說「NO」。

2型的人↓總是說真心話的正直者

無論好壞都不會說謊，非常正直的類型。對於事物的思考與表現方式十分坦率，不會說一些阿諛奉承的話，因此與他人交往比較麻煩。知道自己對人際關係不拿手的2型人，因為太過在意對方，反而會顯得彆扭。

但是，不必太過在意這一點，能夠得到他人的信賴。2型的人正直、認真且努力不懈，會讓周遭的人覺得安心，認為他是值得依賴的人。雖然不太顯眼，卻能夠成為背後的支持者，所以，許多人在團體中是擔任幹事或會計工作。

2型的人屬於現實派，不會一味追尋夢想，而是努力踏實的朝向目標一步步前進，使得目標一一實現。

發表意見時會考量現實問題，不為氣氛或情緒所動。但也不能說他無情，還是有非常親切、善於照顧人的一面。他喜歡看見別人的笑容，而且十分努力、負責。

▼2型人的優點

- 總是很坦白，是表裡一致的人。
- 認真、嚴肅，踏實、努力。
- 會注意到細節。
- 努力工作者。
- 責任感與忍耐力強。
- 體貼，會照顧別人。
- 謙恭的生活態度。

▼2型人的缺點

- 不懂得表現自我。
- 不太在意他人的感情。

・拘泥於小節。
・重視實利而非精神。
・想法與對事物的看法過於單純。
・欠缺綜合判斷力。

▼血型與性格

A型：即使不將感情表露於外的A型，也會自然的在言語、行動中，表現出自己真實的一面。忍耐力強、非常勤勉，是值得信賴的人。

O型：屬於行動的O型中之慎重派，不會跑第一，通常是在背後支持的第二名。討厭說謊與做作，是一直踏實努力前進的人。

B型：即使是自由奔放的B型，也是很認真、注意細節的類型。與人交往非常慎重，而且執著。

AB型：沒有AB型的豪氣，只是非常踏實，具有平民化的堅強。只要努力做一件事，就能獲得成功。

2型男性的特徵　認真的努力家

2型男性的特徵是具有強大忍耐力，即使工作或某些事物進行得不順利，也不會放棄、半途而廢，還是不改初衷的一直堅持努力下去，而周圍的人也會不知不覺給他支持。初見面給人非常樸素的印象，會好好的遵守規則與約定，大多是值得信賴的好青年。

乍見2型的男性，女性可能認為他們過於認真嚴肅，而且欠缺趣味性。即使女性穿著漂亮的服裝，他們也不會說些稱讚的話，會讓女性感覺不滿。但是碰到自己喜歡的女性時，2型男性就會為她犧牲奉獻，其實是具有適合結婚魅力的人。

2型女性的特徵　謙恭的家庭型

2型女性的生活態度謙恭、具有家庭性，而且非常勤快，許多人都具備成為好妻子的條件。

2型女性不會裝腔作勢，所以深具魅力。美人但給人毫不做作的印象，就是這一型的典型。以男性的眼光看來，是非常適合經營家庭的對象。

但是，太過不拘小節的2型女性，也可能會破壞男性的夢想。譬如當她很擔心的說：「你感冒了嗎？」還令人感到高興，但是又接下來說：「吃大蒜睡一覺就可以治好感冒，我就是這麼做的」，當男性想像到她那種樣子，恐怕會非常失望吧！所以必須注意不要過於坦白。

3型的人↓頭腦靈活的行動派

頭腦靈活、具有敏銳的感覺，就是3型的人。由於感覺很敏銳，只要直覺認為「就是這個」便會立刻付諸行動，創造力也很豐富。適合擔任企劃或智囊團等，需要構想與企劃力的工作。

3型的人好惡分明，對於喜歡的事務非常熱衷，不感興趣的事則不屑一顧，對喜歡的人十分親切，對討厭的人嗤之以鼻，具有潔癖、性格正直，可是太過發揮性格，可能會對工作與交際面造成阻礙……。其實原本是開朗活潑的人，應該更大而化之才對。

3型的人說話有技巧，很懂得說笑話、有幽默感，但有時話語過於辛辣。內在的感受性豐富，能敏銳感受到對方的心理。觀看受歡迎的連續劇時，會同情主角的遭遇而潸然落淚。

雖然外表乾脆、爽快，卻擁有纖細的感受性，是具備矛盾魅力的人。

▼3型人的優點

- 頭腦靈活，行動快速。
- 正直、有潔癖，非常愛乾淨。
- 自我主張明確。
- 能夠合理、有效的思考。
- 感受性極強，同情心豐富。
- 具有智慧的好奇心、旺盛的探求心。
- 想法獨特，具有獨立精神。

▼3型人的缺點

- 偏激的好惡心，焦躁。

・喜歡諷刺，太過多話。
・容易厭倦，有粗心大意的一面。
・欠缺慎重與忍耐。
・什麼事都想做，反而做得不完善。
・缺乏協調性，容易變成孤獨份子。

▼血型與性格

A型：雖是拘謹的A型，卻能坦率表達心情。對於刺激敏感，有時會突然提出反駁理論，看起來不像A型。

O型：在頑固份子較多的O型人之中，能夠柔性思考，而且興趣廣泛的類型。具有先見之明。

B型：原本就率直、敏感的B型性質、再加上3的性格，因此展現纖細的感受性，對刺激的反應迅速、激烈。具有出類拔萃的靈感。

AB型：是開朗、懂得使人發笑的人，具有極佳的都會感，能夠活用於工作與社交方面。

3型男性的特徵　歡樂勤快型

3型男性擁有非常友好的氣質，很會說笑話娛樂旁人，話題豐富，使得和他在一起的人十分快樂。在服裝方面，不會選擇穿西裝，而是穿牛仔褲配上純棉襯衫，是適合穿休閒服裝的類型。由於十分平易近人，所以深具吸引異性的魅力。

3型男性的另一大魅力，就是能敏感地掌握對方的態度與心情，十分的溫柔，會關心的問：「怎麼啦？你看起來很沒有精神……」希望自己能幫上忙。步伐輕鬆、感受性豐富，以男性而言，讓人感覺線條很纖細，不會有大男人心態，是現代女性容易接受的類型。唯一缺點是情緒的變化太快。

3型女性的特徵　乾脆的知性派

不以外表，而是以內涵取勝的知性派，指的就是3型女性。雖然很多是美麗的女性，但是本人心中並不在意時髦的外表，喜歡磨練自己、具有智慧的好奇心。

性。

實際上，3型女性大多頭腦靈活、行動快速，許多是知性、有才能的女性。

3型女性具有乾脆的性格，言語行為絕不會含混不清。和戀人一起到餐廳用餐時，會清楚的點「我要吃○○」。有些男性認為她「容易瞭解、容易相處」，而另外一些則認為她「不像一般女性那麼可愛」，有二種分歧的意見。

不在意男女之間的差別，能夠衷心樂於與妳談話的男性，才是妳的最佳伴侶。

4型的人↓直爽的和平主義者

即使初次見面的人，也能立刻與對方打成一片，開朗、直爽、溫和、容易親近，指的就是4型人。

屬於九型中最溫柔敦厚的類型，對於接近自己的人不會有好惡之分，總是希望「大家都能和睦相處」，是十分擅長社交的人。

對任何人都非常親切，也喜歡照顧別人。雖然本來並不想當領導者，但是會在眾人推薦之下登上領導者的寶座，是一個民主的領導者，不會只計較自己的利害。

4型人大多是討厭爭執的和平主義者，這點本身很好，但是反過來說就是流於優柔寡斷、缺乏骨氣。此外，具有旺盛的好奇心，對於任何事都會嘗試，不過缺乏堅持到最後的忍耐心與耐力。隨時會看他人的臉色行事，屬於八面玲瓏的人，但是若只想依賴他人，好不容易建立的人望也會瓦解。不執著是美德，但也要適可而止。

▼4型人的優點

・開朗、親切。
・直爽，說話圓滑。
・能夠敏感的掌握他人心態，很會照顧別人。
・和平主義者，具有協調性。
・有一顆熱誠、親切的心。

・積極、樂天。
・具有柔軟性，能夠適應變化的狀況。

▼4型人的缺點

・容易受他人言行的影響。
・懦弱、沒有骨氣。
・優柔寡斷，缺乏自我主張。
・容易厭倦、缺乏耐心。
・大多會半途而廢，沒有分寸。
・缺乏警戒心，懶散、吊兒啷噹。

▼血型與性格

A型：開朗溫和的氣質、大而化之的個性，頗受人喜愛，雖然是A型卻非常的樂天、不拘小節。

O型：沒有O型的倔強，會配合周圍狀況表現主動或被動的態度。在主張分明的人較多之O型中，稍嫌優柔寡斷。

B型：開朗、活潑、話題不斷，是天生的社交家，不拘泥於小節，強烈表現出B型的柔軟性。

AB型：善於與任何人交往，優閒、樂觀之處受人喜愛，但有時過於邋遢。

4型男性的特徵　豁達開朗的博學者

性格穩重的好青年，是4型男性給人的第一印象。總是開朗、溫柔、個性豁達，能夠使周遭人的心情自然而然感到平和。

此外，具有對知識旺盛的好奇心，累積各種範疇的知識與情報。不管別人問什麼，只要是自己知道的事情，都會知無不言、言無不盡，非常親切、直爽，能夠給對談的人感覺愉快。

對於服裝方面很用心，即使是男性，也很注重服裝與飾品。他會到處去找尋喜歡的東西，如果被別人稱讚，就爽快的把東西當禮物送給別人。

4型的男性當然非常吃香，4型男性的弱點是優柔寡斷，無法清楚的說「NO」。由於對所有女性都很好，恐怕會使得重要的愛人離開自己。

4型女性的特徵 自然流露出性感

雖然只化著淡妝、休閒的裝扮，看起來沒有刻意裝扮，但是感覺非常清新，散發著迷人的魅力，這就是4型女性的特徵。喜歡清爽的服裝與化妝、好動，即使本人沒有意識到，卻具有女性美，吸引許多男士的目光。

雖然4型女性是具有活力的知性女性，卻不會咄咄逼人，在言行舉止與遣詞用句上都十分溫柔洗練，無論說些什麼，都會掌握對方的想法、注意圓滑的表達方式，所以能得到周圍眾人的好感。

此外，即使不以語言說明，也能藉某種感覺傳達自己的心情。這種感覺對異性而言，會覺得她非常性感。

5型的人↓不屈不撓的野心家

誠實、待人誠懇，給人穩重印象的5型人，不會表現出對他人的好惡情感，懂得照顧別人，即使與自己不同型的人，也能友善的和對方交往。

5型人在本質上，柔和的外觀下隱藏著堅強性格，事實上是比任何人都自信的人，也有頑固的一面。但是平常不會表現出來，在遇到事情的時候、重要的時刻，才會表現出自己的真相，5型人的作法就是如此。

例如，關於自己想從事的職業、前進的方向，即使有人反對、或是遇到任何阻礙，也絕對不會放棄。不屈不撓、持續努力，最後終於獲致成功，就是5型人的特徵，擁有絕不輸給逆境的堅強信念。

此外，5型人對於交往對象的誠意與真心，也會冷靜觀察。感覺被對方背叛時，就會明確指出對方的缺點與失態之處。

在謹慎、嚴肅、冷靜的外表下，也具備激情家的一面。對於感覺與自己有共鳴的人，會很溫柔的徹底支持他。

▼5型人的優點

- 誠實，對人和藹可親。
- 具有冷靜觀察現實的眼光。
- 擁有自己的原則。

・個性堅強，對自己的力量有自信。
・通情達理。
・具有強烈的目的意識。
・不屈不撓、小心謹慎。

▼5型人的缺點

・頑固，容易獨斷獨行。
・容易執著於金錢與物質。
・對利害非常敏感，害怕樹敵。
・一旦情感爆發時，容易走極端。
・上升志向太強，有野心。
・視野較狹隘，欠缺柔軟性。

▼血型與性格

A型：認真、誠實、嚴肅，A型與5型的性格優點重疊，是值得信賴的人。但是與溫和外表不同，其內在隱藏著激動的心。

O型：看似穩重，實為頑固，雖然一根腸子通到底，可是不屈不撓、不輕易妥協。對他人的態度十分慎重。

B型：雖為B型，但卻非常謹慎、責任感極強，是認真的人。內心相當有自信，不會受他人影響。

AB型：對他人的警戒心極強，不會輕易表露自己的意志，但是一旦主張什麼就絕不妥協，是頑固的人。

5型男性的特徵　懂得照顧人的自信家

性格穩重、懂得照顧人，是5型男性的特徵。實際上是非常能幹的自信家，但是不會把這一面表現出來，而會為對方著想、注意細節，所以無論男女都很喜歡他。

5型的男性給人穩重溫柔的印象，但事實上很有耐心，遇到事情之時是很值得依賴的男性。

5型的男性與女性都有很有趣的傾向，男性非常神經質又認真，有略帶女性化的一面，而女性則落落大方，具有男性的一面。5型的男性很會照顧女性，表現出溫柔的態度，雖然受歡迎，卻不會意識到他是異性。不會讓人覺得他像花花公子一樣，也是5型男性的魅力之一，所以只要隨時保持誠實就夠了。

5型女性的特徵　忍耐力極強的努力者

非常踏實、給人安靜感覺的5型女性，看起來很樸實，不會因為無聊的事情而吵鬧，沈默寡言，很討厭女性黏人的舉動，也不喜歡過於華麗的裝飾，隨時隨地都保持行動上的乾淨俐落。

但是像這樣的5型女性，卻可能突然嶄露頭角。遇到困難與逆境時，一般人也許會陷入恐慌之中，可是5型女性卻還是一樣默默耕耘，而且會鼓勵大家。忍耐力極強，是絕不輸給任何人的女性。

因此，受到她的包容力與人性魅力之吸引，無論男性或女性都會聚集在其周圍。

6型的人↓具有領袖般的強烈正義感

鋤強扶弱、具有強烈正義感，好像大哥大、大姐頭一樣，就是6型人的特徵。

6型人自我非常強烈，絕不會向他人低頭、也不願意妥協。即使以獨立獨步的方式生活，實際上卻不喜歡孤獨，看起來十分堅強，但本質上卻是認真深情的人。會以自己的價值觀選擇交往的對象，只要是自己喜歡的對象，就會照顧對方，大多會成為團體的領導者。

成為領導者的基本素質，就是正確的判斷力與先見之明，具有忍受困難的忍耐力。但是另一方面卻非常驕傲，不願意聽從他人的意見。太過自我也是問題，也許自己沒有察覺，可是越對實力與成果有自信的人，越會絕對相信自己的作法，甚至有壓倒對方的傾向，需要多加注意。

纖細大膽的分析力與行動力、不屈不撓的6型人，會一步一步踏實的朝向目標前進。如果能夠對人謙虛一點，表現出庶民的一面，也許會更受人歡迎。

▼6型人的優點

・具有強烈的正義感，做事認真。
・像大哥大一樣，喜歡關照別人。
・對事物的看法公平而且判斷正確。
・擁有自己的意見、型態。
・擁有不向困難或障礙認輸的力量。
・具有強烈的責任感與指導力。
・擁有看大局的視野。

▼6型人的缺點

・太過驕傲，略嫌傲慢。
・不喜歡向人低頭。
・言行上好講大道理，有時會諷刺他人。
・容易沈溺於輸贏的事情上。

・自我、頑固，以自己為優先。
・不夠坦白，容易令人敬而遠之。

▼血型與性格

A型：小心、謹慎，雖是A型但喜歡諷刺別人，也擅長賣弄技巧。若是動之以情，也許能使他忘記利害。

O型：表面看似溫馴，但是內心非常強韌。具有強烈的上升志向，經常想坐在主角的寶座上。

B型：不喜歡出現在人前，但是遇到知心好友就能平靜下來。比較神經質，稍微有欠缺決斷力的傾向。

AB型：與柔和的外表完全不同，內心有強烈的知識份子意識，觀察眼光敏銳、不服輸，希望憑藉獨立獨步的方式獲得成功。

6型男性的特徵　喜歡耍酷

6型男性的特徵，是採取一種「男人就是要酷」的自我哲學。精神面的美學意識非常強烈，最討厭為某種目的而對他人阿諛奉承，認為利用齷齪的手段達成目的，根本毫無意義。

另一方面，對女性非常誠實卻不懂得表達自己。他會像個大男人似的說：「跟著我就對了」領導對方，值得依賴，但是相反的，卻非常害羞、不懂得討女性的歡心。即使被女友甩了，也不會一直糾纏對方。不斷忍耐的美學，也就是徹底耍酷，是這類型男性的生活方式。

6型女性的特徵　意志堅強的成熟女性

穿著套裝、以優雅姿態走路的女強人，就是6型女性給人的印象。實際上是具有社會常識、懂得禮貌的人，很多人認為她們是很能幹的女性。雖然沈默寡言，但是思慮頗深，擁有自己的信念，會默默的踏實前進，有成熟女性的表現。

6型的女性會自己完成自己的事情，無論男性或女性，都會被她們照顧、深具包容力。或許有一部份男性認為她們欠缺女性的柔美，因為太過能幹了，但是認識瞭解之後，才會發現她們其實很害羞，具有清新的魅力。

7型的人↓華麗的社交家

能夠吸引周圍眾人，具有華麗氣質的7型人，活潑、可愛，是話題豐富的社交高手。外表上有時髦感，是對流行十分敏感的人，不管走到哪裡都能引人矚目。7型人是屬於「來者不拒，去者不追」的類型，能發揮協調性，關於人際關係能自由自在的運作，但是會避開以自我為中心的對象及場所。

此外，對於滿口大道理的人、艱困的處境、吵架與記錄等事情都難以應付，發覺對自己不利就想逃走。也許有人說他很任性，但是自己認為正直、率直的表現，也沒有人會憎恨他。

7型的人是以心情而非以道理決定行動，可算是超樂觀派。認為不快樂就不算真正的人生，過著與努力及忍耐無緣的人生。擁有自己獨特的美意識，屬於藝術家型的人，會埋首於喜好的事物之中。

由於光靠自己無法整理事物，可能無法發揮自己的才能，但是一旦發現能幫忙掌舵的人，其才能就有開花結果的可能。

▼7型人的優點

・活潑樂觀，和藹可親。
・頭腦靈活，話題豐富。
・在團體中非常顯眼。
・懂得照顧別人。
・親切、溫柔。
・品味很好，美的意識強。
・好奇心旺盛，行動敏捷迅速。

▼7型人的缺點

・沒有分寸，散漫。
・不喜歡照顧別人或辛苦的事情。
・情緒起伏不定，言行不一致。
・思慮不足，缺乏判斷力。
・膽小，動不動就依賴別人。

・無法抵擋異性的誘惑。

▼血型與性格

A型：是A型中最活潑的一型，樂天派、喜歡說話，不會隱藏自己的心情。擅長社交，能夠使人快樂。

O型：豪爽、懂得說話技巧，總是能得到他人的信賴。與別人共同合作，就能提高效率。

B型：只要一登場，就能使場面明亮起來的天生社交家。溫和、懂得照顧人，敏於見機行事。

AB型：非常浪漫，具有崇高的理想，華麗、具有都會感，在任何場合都會成為主角。

7型男性的特徵　感覺極佳的演員型

即使是男性，也具有華麗氣質，就是7型的人。具有極佳的都會感、洗練的審美眼光，偏愛時髦的裝扮。如果別人送禮物給他，而他不喜歡那個東西，或是與自己不搭配，就絕不會配戴。具有藝術感，活著就是要做自己喜歡的事，許多人希望成為藝術家。在性格方面，擁有吸引他人的開朗與藝人性，非常適合站在舞臺上表演。

7型男性不具有野心、骨氣等男性特質，卻十分溫柔纖細。懂得照顧對方、使對方高興，所以深受女性歡迎。和堅強的女性相處，比與自己同型的人相處更愉快。

7型女性的特徵　時髦豔麗

1至9型中最具女性魅力的人，就是7型的女性。非常喜歡打扮，注重身上穿戴物品的美感，會穿著華麗的服裝，本人也非常亮麗，而使得服裝更美。如蘭花般的7型女性，是男性看來「帶得出去的女性」，參加宴會時，比任何人都豔麗搶眼。

因為蘭花沒有刺，7型的女性不會顯得高傲，感覺非常溫柔，也得到同性的喜愛。由於她希望每天都過得很快樂，周圍眾人也都感染到開朗的心情。樂天派的7型女性，具有享受人生的才能，即使遇到困難也相信明天會更好，總是十分開朗。

8型的人→樸素的努力家

8型的人看起來不會很顯眼，因為他們不太喜歡在外表上表現自我，服裝也非常普通，認為只要給人清爽乾淨的印象就夠了。此外，在人前也不喜歡一些華麗動作。

但是由於8型人樸素溫柔個性的關係，一旦與他交往，就會深受其吸引。對於他人的喜怒哀樂能感同身受，有優秀的共鳴力，很體貼遇到困難的人與立場薄弱的人。親切、喜歡照顧人，具有熱情的性格，所以眾人會深受其吸引。8型人在組織或團體中可以擔任協調工作，在仲介工作上也能發揮實力。具有平衡感覺，最重視與他人之間的和氣，由此人擔任溝通管道，能夠充分引出團體的實力。

另一方面，被強力要求做與自己信念不合的事時，卻非常頑固、不為所動，展現出頑固倔強。即使是樸素的努力家，也有改變脾氣的一面……。可說是擁有自己的原則，按照自己步調生活的人。

▼8型人的優點

- 樸素、溫柔、坦率。
- 親切，懂得照顧人。
- 融合，適合擔任仲介協調工作。
- 腳踏實地的努力家。
- 具有企劃、提案能力。
- 積極的思考事物。
- 生活感覺樸素，喜歡簡單。

▼8型人的缺點

- 不懂得言語的表現。
- 無法掌握他人的心態。
- 容易急躁。
- 鬧彆扭時非常急躁。
- 情緒容易改變，具有主體性。

・容易為情所困。

▼血型與性格

A型：對初次見面的人、或未知的場合有警戒心，習慣之後就會表現出正直的一面。性格非常誠實、毫不做作，能清楚表達自己的想法。

O型：言語粗魯、欠缺社交性，但是樂於犧牲奉獻，受到朋友的喜愛。比較焦躁，經常展現積極性的行動。

B型：看似吊兒郎噹，卻是踏實穩健的人，具有堅強的意志，會持續不懈的努力。

AB型：對他人的好惡感覺十分激烈，但是在人前卻展現出不拘小節的態度，不會拂逆他人的意思，是擅長社交的人。

8型男性的特徵　具有母性本能型

雖然說「男人要度量，女人要撒嬌」，但8型的男性與女性卻是男女逆轉的典型。8型的男性非常溫柔、注意細節，懂得照顧他人，具有旺盛的服務精神，無論男女都容易受人歡迎。

8型的男性會儘量避免無法說出口的事，或是別人討厭的事，在重要時刻可能不值得依賴。但還是忠實為自己的信念而努力，使人們無法討厭他。

個性溫和的8型男性，被視為養子型，尊敬長輩，具有女性的母性本能天賦。

8型女性的特徵　不假修飾的個性自然派

與8型男性相比，顯得非常努力、值得依賴的8型女性，十分重視事物的道理與分寸，即使明知會受人討厭，還是做該做的事、說該說的話，是很有骨氣的人。處理任何事情的態度都很穩重、乾脆，喜歡照顧他人的性格，頗受眾人仰慕。

不加修飾外表的自然派，喜歡具有清潔感的簡單服裝與化妝，而且不會愛慕虛榮，會表現出真實的自我，因此讓異性感覺安心、對她懷有好感。

8型女性大多是結婚後會繼續工作，具有女強人志向的女性。雖然努力是很好的，但是有時為達目的，會不顧形象的展現行動，做出一些羞恥的行為，令男性不敢恭維。所以，請別忘記保持女性的柔美。

9型的人↓驕傲的理想家

感覺十分高傲，給人相貌堂堂印象，就是9型的人。無論男女都具有很優秀的服裝美感，希望別人眼中的自己看起來很好看，而且具有敏銳的洞察力，能夠看穿對方對何事感興趣，具有與對方愉快交談的能力，因此在宴會之中，會成為非常顯眼的存在。

但是9型人並不是真的很擅長交際，其實不懂得如何把自己表現於他人之前，會小心謹慎的防止別人看見真實的自己，也害怕被人看見背地裡偷偷努力的姿態。具有很高的共鳴能力，當接受別人所託時，會親切的照顧對方，但是自己卻不會依賴他人，乃具有獨立獨步精神的人。

因此，9型人有縝密的思考力、迅速的判斷力、寬宏的度量等領導者資質，但不見得想成為領導者。無論何事都要求較高水準，具有智慧、尋求高尚的事情、理想與浪漫的9型人，不會向同伴或部下尋求這些。看似高傲、內在卻非常纖細，如果能遇到瞭解他的同伴，相信可以展現極大的成果。

▼9型人的優點

- 氣派非凡，容易引人矚目。
- 思考縝密，具有豐富的創造力。
- 有洞察力，懂得談話技巧。
- 擁有自己的美學與哲學。
- 非常高尚，任何事情都要求完美的理想家。
- 擁有寬廣的視野、決斷力與行動力。
- 有人情味，喜歡照顧別人。

▼9型人的缺點

- 太驕傲，以自我為中心。
- 想法過於高尚，別人難以理解。
- 對他人過於嚴格。
- 不懂得控制自己的感情。
- 太過照顧人，有時顯得好管閒事。

・不讓別人看到自己的真心，給人冷淡印象。

▼血型與性格

A型：雖是A型，但自我表現慾強、鬥爭心旺盛的類型，具有熱情、與自己開拓自己的人生之能量。

O型：在講究邏輯的O型中，具有罕見的直覺力，甚至連細部都能注意到，行動力如O型一般我行我素，但是要注意不可太獨善其身。

B型：略帶神經質的B型，喜歡理論與思考，不要焦躁、踏實努力便能成功。

AB型：平時沈默寡言，但是遇到事情的時候，就能憑藉豐富的表現力壓倒周遭眾人，是華麗且感覺極佳的人。

9型男性的特徵　有智慧的花花公子

具有旺盛挑戰精神的野心家，無論工作或生活方式，都要求符合自己的哲學與浪漫，是9型男性的特徵。擁有貫徹自己信念的行動力、實行力與度量，是非常值得依賴的男性。

況且他是有智慧、很酷又會展現洗練言行的人。有時會做出女性眼光看來花花公子般的行為，懂得照顧別人、談話很有技巧，但是有時又像孤傲的人，讓人感覺很孤獨，這些都是吸引異性的魅力。

實際交往之後，意外的會發現他有點神經質、偏激，讓人覺得難以相處。此外，旺盛的挑戰精神，也讓他們散發出危險的香氣。只要能乖乖跟著他的女性，二人就能相處得很好。

9型女性的特徵　敏銳而才色兼備

給人敏銳印象、「才色兼備」的成熟女性，就是9型女性的典型。

首先談談「才」，知的好奇心旺盛、頭腦靈活，具有清晰的思考力，無論任何時候，都不會受精打細算與利害之誘惑，也不會為情所困。雖然是女性，卻具有武士般的清晰魅力。在「色」方面，美感十分豐富、注重時髦，表現出女性之美，雖然敏銳，卻能做出華麗演出，給人紅玫瑰的印象。

9型女性的弱點是太過能幹，但不拘小節、大而化之的男性，以及與9型女性同樣追求夢與理想的人，都能與她順利的交往。

你是否懂得與人交往呢？

二人相遇後一見鍾情，是理想的戀愛，但是這種情況並不多，最重要的還是二人的交往，所以平時就要努力與人相處。

由九種型態來判斷懂不懂得與人交往，給人溫和印象的1、4、7型人，遣詞用句非常圓滑，不會說話帶刺，懂得與人交往。尤其1型的人，非常懂得儘量不傷人，4型人對任何人都非常親切，7型人會藉著巧妙的談話術而吸引眾人。

2、5、8型的人，大致上不懂得與人交往。2型人太過小心謹慎，容易使得對方疲累；而5型男性雖然懂得照顧人，但讓人覺得有點勉強，女性則不懂得照顧別人；8型的女性過於率直，男性則給人開朗輕鬆的印象。2、5、8型大多是不懂得說話的人，可以利用態度而非語言來表現誠意。

知性派的3、6、9型人，給人話太多、很難相處的印象。3型男性很懂得說一些趣味話題，女性則有點太多話了；6型人只會說一些諷刺的話；而9型人雖然懂得談話術，但是太過高傲，給人難以接近的印象。3、6、9型最好以體貼對方的心情表現態度，才能提升人氣。

第二章

你的理想對象是哪一型？

適合妳的男性

【女性用圖表】

◎妳內心尋求的男性是哪一型呢?請經由此測驗來確認一下吧!選擇A-J後再參閱後頁。

1 對於初次見面的男性,妳最在意哪一點?

臉型、體型↓2　　禮貌、態度↓3

2 不想與粗俗無禮的對象約會

YES↓5　　NO↓4

3 覺得自己畏縮不前

YES↓6　　NO↓4

4 如果要交往，喜歡擅長運動的人

YES↓A　NO↓7

5 覺得去哪裡約會最快樂？

流行的約會場所↓G　海邊或高原等大自然之中↓6

6 希望約會地點由男性決定

YES↓H　NO↓7

7 妳的休假日如何度過？

一個人安靜的度過↓8　與朋友熱鬧的一起度過↓C

8 我能清楚說明心中的想法

YES↓9　NO↓I

9 覺得結婚後住在何處最理想？

氣派的租賃大廈↓10　獨門獨戶的樓房↓E

10 即使結婚也希望繼續工作

YES↓B　NO↓11

11 老實說，不太會做家事

YES↓12　NO↓D

12 希望有二個以上的孩子

YES↓J　NO↓F

【女性用測驗解說】

妳適合的男性是1—9中的哪一型呢？如果除了答案之外，還有其他喜歡的型，請翻到那一頁參考一下。

選擇A的妳↓妳喜歡大男人、爽快乾脆的男性，請參閱六十四頁。

選擇B的妳↓適合妳的是認真、溫和的男性，請參閱六十五頁。

選擇C的妳↓妳喜歡開朗、快樂、社交家的男性，請參考六十六頁找尋他吧！

選擇D的妳↓謹慎的妳尋求認真踏實的男性，請看六十七頁。

選擇E的妳↓妳喜歡具有野心、努力的男性，在六十八頁有適合妳的男性型。

選擇F的妳↓希望能擁有屬於自己的家園，尋求重視家庭的男性，請看六十九頁。

選擇G的妳↓等待時髦、瀟灑男性的妳，在七十頁有妳喜歡的男性型。

選擇H的妳↓妳尋求的是能積極帶領妳的男性，請參閱七十一頁。

選擇I的妳↓稍微害羞的妳，很適合容易親近的男性，請參考七十二頁。

選擇J的妳↓適合妳的男性是有責任感、值得依賴的男性，請看七十三頁。

A 尋求大男人主義的男性↓6、9、3型

認為有大男人主義、明快乾脆的男性最理想的妳，適合的是6、9、3型的男性。

最像男人的是6型男性，他秉持「男人就是要酷」的哲學，隨時會像個大男人領導女性。例如認為「結婚後要靠自己的收入養妻子」，也就是他的想法較傳統，是值得依賴的「家長」，不懂得討女性歡心、或說些奉承的話。妳必須要瞭解，他在這方面較不擅長。

其次像大男人的是9型男性，堂堂正正、具有旺盛挑戰精神的他，是外貌英俊的花花公子型。懂得保護女性，因此妳會喜歡他，但是這個人很驕傲，不希望別人看到自己纖細的一面，請妳一定要注意這一點。

開朗、乾脆的3型男性，不拘小節，對任何事都會清楚表達自己的主張，許多人都會感受到他淘氣男孩的魅力。

B 尋求認真溫柔的男性↓2、1、4型

許多女性認為男性的魅力是溫柔，非常注意女性細微的變化，體貼、會照顧人，這種男性當然會受女性的歡迎。在九種類型當中，最溫柔的是2、1、4型男性。

2型男性懂得照顧人，非常的親切，如果有任何事情拜託他，都會努力的配合。他十分的體貼，對女性很忠誠。絕非很有才幹的人，過於正直、不太會說話，但是誠實與認真絕不輸給其他類型的男性。

其次是冷靜的1型男性，是對女性溫柔的類型。非常注意女性的狀況，會關心的問：「沒問題吧？累不累呀？」很仔細觀察女性的變化，會主動說：「這個新髮型很適合妳」，很懂得奉承女性，因此許多女性會以心相許。

給人溫和印象的4型男性，他的溫柔容易擄獲女性的心。親切、喜歡照顧人，和他在一起會感到很輕鬆。但是對於八面玲瓏型的他，妳一定要仔細確認，他的溫柔是不是只針對你。

C 尋求社交家型的快樂男性↓7、4型

如果要尋求能使女性快樂、社交型的男性中，活潑、親切的7型男性、不怕生的4型男性最好。

7型男性就是所謂演員型的人，只要有這種人在，周圍的氣氛就會變得很開朗，很懂得玩，與他約會會很快樂。他會為妳企劃生日或耶誕節的宴會，給妳非常愉快的時刻。

但是，7型男性大多是花花公子，妳必須注意，如果妳勉強想獨佔他，他可能會離妳而去。妳最好抱持與大家分享偶像的心態，採用自由的交往方式，才能順利的發展下去。

而4型男性不像7型那麼華美，給人能夠安心的氣氛。他是個博識家，對於各種領域的問題都很有興趣，不會令女性覺得無聊。非常親切，而且對於服裝很敏感，是最合適的男朋友。但是他和7型男性一樣，雖然是好人，但意志薄弱，希望對所有人示好，所以妳最好別對他抱持太大的期待，最好在交往中仔細確認對方的想法。

D 尋求踏實的男性↓1、2、5型

面臨適婚年齡時，「雖然想追逐快樂的戀愛，但若是以結婚為前提而交往，最好還是考慮踏實的男性」，很多女性都如此想，而這些女性期待的就是1、2、5型男性。

1型男性，無論何時都會謹慎的跨出每一步，也許步調緩慢，但卻是不斷努力而能獲致成功的人，而且非常冷靜、有耐心，是值得女性依賴的男性。雖然給人柔和的印象，但是遇到事情的時候，卻能以毅然決然的態度處理。

忍耐力極強、想法比較實際的是2型男性，是小心謹慎、步步為營的人。不懂得表現自己的心情，或許以一個異性而言欠缺趣味，卻是能夠安心與他結婚的對象。

表面看來穩重的5型男性，內在十分現實，只要努力就能獲得成功……而朝著目標不斷前進，絕不會輸給逆境。他是忍耐力極強的人，非常認真、神經纖細，會確實的做好任何事。

E 尋求努力的男性↓5、6、2型

「最好不要住大廈，而能夠住在獨棟式建築裡」、「生過小孩之後，希望他能讓我去學些東西或留學」、「希望有個了不起的丈夫」，對婚姻懷有各種夢想的女性，通常希望與丈夫攜手連心往前邁進，所以男性是否是努力的人，會造成極大的影響。

努力的男性首推5型，5型男性是非常有自信的人，但是不會表現出來，即使遭遇失敗也不會氣餒，隨時擁有可實現的目標，而且會發揮旺盛的生命力努力實現目標。不管對家庭或將來的事情，他一旦宣布「我要去做」就必定會實現，是值得依賴的人。

對任何事都會拍胸脯說「交給我來辦吧！」的6型男性，也是相當努力的人。具有能夠忍耐困難的忍耐力與精神力，但是遇到事情時，也能勇敢、大膽的去做，想獲致大成功並非夢想。

此外，踏實並默默努力的2型男性，會朝著目標一步步前進，最後終能攀升至很高的地位、獲得成功。

F 尋求重視家庭的男性↓1、2、5型

「結婚之後，希望能與家人一起愉快的用餐，週末一起外出購物，或是旅行」，許多女性有這種甜蜜的夢想，但實際上大部份是……經常藉口「要工作、要工作」而總是不在家的丈夫，好不容易到了週末假日，卻只重視自己興趣的丈夫。

不會違背女性的期待，注重家庭的丈夫是哪一型呢？

每天會在固定時間回家的認真丈夫，就是1型男性。有自己的原則，不會因為朋友的邀請而遲歸，或是沈溺於工作之中。他在外非常努力，回家後即感到「還是家裡最好」，很懂得照顧人，具有為家人犧牲奉獻的精神。

其次是性格認真、為家人竭盡忠誠的丈夫，就是2型男性。他也非常踏實，是重視家庭幸福的人，會讓女性很安心。

5型男性大多是重視家庭的人，有些人的神經很纖細、很會照顧孩子，也十分懂得在背後支持妻子。

G 尋求時髦的男性↓7、9、1型

「喜歡有美感的人當自己的愛人」，對自己感覺有自信的女性，會追求與自己相配的人，這些女性希望的就是7、9、1型男性。

7型男性具有都會的洗練感，與自己獨特的美意識，為了滿足這種意識，不僅是服裝，連生活型態都是一流的，可謂「享受時髦生活品味」的人。而且他不會很驕傲，非常的開朗快樂，最適合當戀人。但是7型男性，除了美的事物或快樂的事物之外，對其他的事都不在意，這點妳應該先有自覺。

9型男性的時髦感也不輸7型男性，相貌堂堂、風采極佳，服裝打扮非常得體，而且對一切的表現都要求高水準。不僅是服裝，連談話內容、飲食喜好等各方面都十分執著。

乍看之下樸實，但意外的卻很時髦的1型男性，具有看穿事物好壞的眼光，非常懂得裝扮自己。仔細看會發現他穿著質感極佳的絲質衣服，或是噴灑了香氣高尚的古龍水。

H　尋求積極的男性↓9、6、3型

在女性越來越堅強的現代，但談到戀愛就另當別論了。許多女性認為不應該採取主動態度，必須由男性積極的與自己接觸。男性有各種不同的型態，有些人只等待戀愛的到來，非常消極，有些男性則表現得很積極，而所謂積極的男性類型，就是9、6、3型男性。

9型男性的頭腦靈活，是屬於即斷即決型。如果憑著直覺認定「就是這個人」，便會毫不猶豫的要求與對方交往，交往之後會好好扮演保鏢的角色，變得反而必須由女性主動示好。

具有強烈自我意識的6型男性，喜歡自己積極的追求對方，但是因為很害羞，有時無法主動表達自己的心情。如果他表現得像個大哥大，無微不至的照顧妳，就表示他對妳有好感。

開始交往之後，他會扮演一個領導者，採取「跟我來吧！」的態度，但是女性若無法接受，也不必忍耐，不需要再繼續交往下去。

步伐輕鬆的3型男性，在戀愛方面非常積極，對喜歡的女性會奮不顧身的發動追求攻勢。

一 追求容易親近的男性↓4、7、3型

有位女性很煩惱的對朋友說：「家裡除了父親之外，母親、姊姊、妹妹全是女性，而且又就讀女子學校，我不知道怎樣與男性說話」。因為不習慣與異性交談，所以會很緊張，為了消除這種緊張，不妨與容易親近的男性交往。

能夠使對方放鬆的人，以4型男性最佳。他給人開朗、溫柔的印象，雖然欠缺男子漢的魄力，但很能使女性安心。懂得照顧人、說些有趣的話題，和女性說話也絕不會惡意調侃，妳可以輕鬆回答他的問題。

活潑開朗的7型男性，也是容易親近的異性之一。如果有一些小事拜託他，或是要商量一些事情，他會欣然接受。

但是，若對他坦白一些很麻煩或嚴肅認真的事，他會感到很困擾，如果只是輕鬆的交往，會讓女性覺得很快樂。

具有友好氣氛、很會開玩笑的3型男性，是交談起來覺得很快樂的對象

。他不會只顧自己的說話，能夠敏感的掌握對方心理，所以不會令女性覺得無聊或討厭。

J尋求具有責任感的男性↓6、9、3型

無論是當成戀人或是丈夫與對方交往，最後最重要的還是男性的責任感。萬一雙方發生什麼問題時，能夠毫不猶豫、具有突破難關的堅強意志之男性，才是最佳選擇。

具有堅強意志的6型男性，在遇到問題時最值得妳依賴。他是非常傳統、具有俠義心腸的人，對女性的困擾絕不會坐視不管，正義感十分強烈、重視倫理道德，所以絕不會抱持玩玩的態度與妳交往，也很討厭不倫之戀，任何事都要講道理。

9型男性在妳依賴他的時候無法抵擋，因為他認為若說「不行」或「討厭」，有損自己的尊嚴，非常親切，會幫助、保護女性，而事後只要對他說聲「謝謝」，他就心滿意足了。

3型男性非常正直清廉，絕不會與自己討厭的人交往，對喜歡的人則十

分親切。交往之後只要相信他的親切感就沒問題了。但是他只要想到其他有興趣的事，就會放棄目前的事情，而開始熱衷其他事，這時身為女性的妳，只好搖搖頭說沒辦法囉！

適合你的女性

【男性用圖表】

◎你內心追求哪一型的女性呢？不妨利用這個圖表檢查一下。選擇A—J後再參閱後頁。

1 希望哪一型的女人成爲你的戀人？

想要保護她的人↓2　　像朋友一樣的人↓3

2 想要能疼你的姊姊或可愛的妹妹呢？
姊姊→5
妹妹→4

3 認爲女性的魅力不僅是臉蛋與身材而已
YES→6
NO→4

4 和她在外用餐，採用何種方式較好？
帶著便當去野餐→D
去豪華的餐廳→7

5 約會地點以何者爲先決條件？
她想去的地方→6
自己感興趣的地方→B

6 自己不喜歡電影及音樂
YES→I
NO→9

7 想養狗或貓？
狗→A
貓→8

8 如果有戀人……
會介紹給朋友，大家一起玩↓F　儘可能二人獨處↓10

9 每週至少看二支以上的連續劇錄影帶？
YES↓C　NO↓11

10 別人經常說你很溫柔
YES↓12　NO↓H

11 自己很會做家事
YES↓J　NO↓12

12 結婚後對孩子的問題……
想立刻有孩子↓E　想暫時享受二人世界↓G

【男性用測驗解說】

適合你的女性是1—9中的哪一型呢？如果除了答案之外，還有其他喜歡的型，請翻到那一頁參考一下。

選擇A的你↓難以抵擋有女人味的典雅女性，不妨找尋七十八頁類型的女性。

選擇B的你↓溫柔、坦白的女性最適合你，請參閱七十九頁。

選擇C的你↓你認為開朗、活潑、快樂的女性最有魅力，震撼你心弦的女性在八十頁！

選擇D的你↓深受家庭型、認真女性的吸引，在八十一頁有適合你的女性類型。

選擇E的你↓喜歡努力、生活力旺盛的女性，請參閱八十二頁。

選擇F的你↓華麗、美感極佳的女性讓你覺得很有魅力，八十三頁有適合你的理想類型。

選擇G的你↓清楚的表達想法、稍微有點犀利的女性，讓你感受到新鮮魅力，在八十四頁有這種類型的女性。

選擇H的你↓感覺和藹可親的女性最適合你，請參閱八十五頁。

選擇I的你↓即使並非充滿女人味，但是非常獨特，具有個性的女性適合你，請參考八十六頁。

選擇J的你↓非常乾脆、可以像朋友般交往的女性，才是你的理想伴侶，在八十七頁有適合你的型。

A 尋求具有女性美的女性↓1、4、7、2型

你難以抵擋有女人味、深具魅力的女性，你理想的女性在1、4、7、2型中，請領教這些女性的魅力吧！

堪稱具有女人味的女性代表，就是1型女性，溫馴、拘謹、具有典雅的魅力，是男人禁不住要保護她的女性。但是隱藏著堅忍不拔，在遇到事情時能採取毅然決然態度意外性。

其次，是在和樂融融的氣氛下，自然讓人感覺到清新氣氛的4型女性，非常具有女人味。不會一味的講大道理，隨時隨地都很溫和親切，給男性留下極佳的印象。

嬌豔美麗的7型女性，女性魅力滿分，懂得打扮、非常華麗的她，深深吸引許多男性。但是7型的女性就像偶像一般，競爭率較高。

給人較樸素印象，但會犧牲奉獻的2型女性，令人感覺是十分謙恭的女性。當身體狀況不佳、沒有精神時，聽到她問：「怎麼啦？」男性就會忍不住向她撒嬌。

B 尋求溫柔、坦白的女性↓4、1、2型

「像朋友一樣的戀人或夫妻沒什麼不好，但是我儘可能想和遵從自己的領導，溫柔、坦白的女性交往」，如果你有上述的期望，適合你的女性就在4、1、2型中。

給人溫和印象的4型女性，具備與任何人都能巧妙交往的特質，是很溫柔的女性。隨時隨地表現出謙虛態度，不會和男性起爭執。雖然稍嫌優柔寡斷、不值得依賴，但在你的強力領導下，她一定很樂於跟隨你。

懂得照顧別人、非常體貼的1型女性，也是男性容易領導的類型。會默默觀察男性的心情，配合男性想法展現行動的1型女性，令人想衷心感謝她

。既溫柔又堅忍，所以若忽略她的想法而勉強堅持自己的意見，她可能會斷然拒絕你。

體貼、坦白的2型女性非常堅強，但是不喜歡領導而喜歡跟隨對方，能夠成為男性最大的支柱。

C 尋求開朗、快樂的女性↓7、4型

據說人會向異性尋求自己缺乏的性格，不擅長戀愛的女性希望擁有溫柔的男性，樂天的男性也許會和堅強的女性結合，而喜歡開朗、快樂女性的你，也許是個害羞、認真的人吧！

和她在一起會讓你覺得心情非常開朗的女性，就是7型女性。

7型女性有寬闊柔軟的心，很擅長每天過著快樂生活，可說是具有享受人生才能的人。因此，你若對自己的經濟能力有自信、認為可以滿足奢侈的她，可以考慮把她當作一生的伴侶。

活潑、社交家的4型女性，會令一起談話的人覺得很快樂。她十分溫厚、優閒，當自己心情不佳時，和她談話就能感到放鬆。

此外，喜歡照顧人的她周圍聚集許多人，由於能和各種人巧妙相處，因此與人交際的範圍很廣泛。她是喜歡和許多人好好相處的女性，想獨佔她可能有點困難。

D　尋求家庭型的女性↓2、1、5型

有句話說「媽媽的味道」，男性無論到了幾歲，都無法抵擋母親親手做的美食。如果覺得「肚子有點餓」時，她能立刻做出美味的食物，會心想「娶她作老婆吧！」也是無可厚非的。若是想追求這種家庭型的女性，建議你選擇2型女性。

2型女性很懂得照顧丈夫，原本就是非常勤快的人，在家事方面也能輕鬆的完成。她很謙恭、有很棒的生活感，是所謂的「好媳婦」。

此外，溫柔又非常堅強的1型女性，也適合當個好妻子，會注意細節、整理家務、照顧丈夫。和所謂的家庭型女性稍有不同，5型女性是很棒的家庭管理者，只要把家交給她就可以安心了。即使男性經常出差或從事自由業，她也能好好的守住家庭。

E 尋求堅強的女性↓5、8、6、3、2型

常有人說「戀愛與結婚不同」，戀愛如作夢般快樂，而婚姻則是以每天的生活為基礎，所以，只會撒嬌的女性，當然不比可以照顧家庭的女性適合當妻子。

堅強女性首推踏實、堅忍不拔、具有包容力的5型女性，她具有強韌的精神力、金錢方面也很努力而且會存錢，若想找個值得依賴的女性做為伙伴，這種女性最適合。

8型女性與5型女性類似，能夠成為值得依賴的妻子，非常重視事物的道理，在金錢面很值得信賴，是可以夫妻共同實現大目標的伙伴。

6、3型女性擁有強韌的精神面，尤其6型女性很值得依賴，會照顧男性，而3型女性頭腦靈活，能立刻想通事物的道理，無論與她商量任何事，她都是個很好的商量對象。2型女性比較保守一些，但是極為踏實，可以發揮賢內助的作用。

F　尋求美感極佳的女性↓9、7、1、3型

最近許多男性有不亞於女性的時髦，像這樣的男性當然也希望戀人具有同樣美感。可以參考以下各型。

才色兼備的9型女性，非常擅長裝扮。無論身上穿的衣服或小飾品，都是採高級走向，例如配戴在身上的飾品，不會選擇大的玻璃珠，而會選擇小的真正寶石。如果要送禮物給她，當然要花費許多錢。

充滿女性魅力、具有華麗氣氛的7型女性，也是很會打扮的一型。較大飾物或原色的樸素服裝，在她的巧思之下，花點工夫就會變得鮮豔美麗。

1型女性則完全相反，喜歡自然素材的衣服，以及如白金等質材的簡單小飾物，感覺上很高貴典雅。在她走過你身邊之後，才會發現其存在，總是在不經意中感覺到她的高貴。

3型女性則有古典美感，通常對服裝、化妝不感興趣，但是她個性化的裝扮，則會讓人感受一種獨特的感性。

G 尋求剛強的女性↓6、9、3、8型

雖然身為女性，但是會清楚的表達事物，甚至能領導男性的女性越來越多。像這種剛強的女性，也許會給你一些新鮮的魅力，請注意6、9、3、8型的女性。

6型女性的意志堅強，所有事情都做得很完美，而且給人一根腸子通到底的感覺。擁有自我信念的這型女性之主張，有值得一聽的價值。把她當成值得尊敬的女性，以這種心態與她交往為宜。

讓人感覺很能幹的9型女性，具有清晰的頭腦、懂得追求理想，因此會領導男性。具有美麗、敏銳魅力的她，是值得依賴的人。

3型與8型女性不會鬧彆扭，會率直表達自己的想法，是性格分明的人。3型女性頭腦靈活，8型女性心胸寬大、具持久力，令男性非常訝異。也許你無法感覺她的女人味，但卻充滿著人類魅力。

H　尋求容易親近的女性↓4、7型

「我很少與女性相處，不知道應該說些什麼才好，在沈默中氣氛越來越奇怪了」，想結婚但找不到對象的男性，經常會訴說這類的煩惱。尤其是待在女性較少的職場中，根本無法掌握與女性談話的關鍵，因此十分辛苦。這時若女性能主動親切的交談，對男性而言或許是最大的幫助。

如果你是這一型的人，我建議你與4型女性交往。4型女性能立刻接納初次見面的人，非常溫柔。

4型女性通常不怕生，不會光是等待別人採取主動，對於自己感興趣的人，會積極的與對方交談。談話時的遣詞用句非常溫和、謙虛，會仔細聽對方說的話，不會口出傷人之語。對於不習慣與女性交往的人而言，也能安心的開始交往。

此外，很有女人味的7型女性，也意外的是容易與他人交談的女性。看她活潑開朗的說話，只要在一旁聽著，並點頭說「嗯！嗯！」就覺得十分親切。

｜尋求獨特的女性↓3、4型

無論男性或女性，和具有獨特的想法、有幽默感的人，說起話來都特別快樂。如果是知識廣泛、不管說什麼都能應對自如的女性，即使無法立刻變成親密戀人，也能像朋友一樣建立親密關係。

若想超越普通男女的範疇，談些有趣或快樂的話題，最好選擇3型女性。3型女性是靠內在而非外表決勝負的人，對服裝不關心，但卻具備各種知識，能夠看穿對方的心意，想法十分獨特。和她交往會擴大你的視野，會驚訝於「居然有這樣的世界」。

雖不像3型女性具有獨特想法，但是4型女性有旺盛的求知慾。看起來非常溫柔，和她談話才發現其心思靈巧、想法自由，只要是自己感興趣的事，就會不斷去做，具備遊戲心與挑戰精神。你可以和她去從未去過的地方、從事不曾從事的運動，享受約會的樂趣。

J　尋求乾脆的女性↓3、6、9、8型

「女人動不動就生氣、愛哭」、「希望我每天打電話給她、每天去接她，總是提出一些無理要求」，男性經常這麼發著牢騷。雖然有女朋友很高興，但是卻覺得受束縛，而感到厭煩的男性很多。即使認為女性應該都如此，還是希望結交一個乾脆點的女性。

如果希望與乾脆的女性交往，我建議你選擇3、6、9、8型的女性。3型女性不喜歡曖昧不清的表達方式或謊言，具有乾脆的性格。邀約她而她不方便時，就會老實的告訴你，再問她「下次什麼時候方便呢？」也會老實的回答。她不會浪費時間，是極為正直的人。

意志清晰的6型女性、具成熟魅力的9型女性、像女強人的8型女性，不會向男性撒嬌、非常堅強，甚至會得到男性的依賴，她們絕不會採取黏人的態度。與她們談論工作或社會的話題時，會有「對！對！我也這麼想」的同志共鳴感，雖是異性，但感覺能與她成為朋友。

什麼是男人型？什麼是女人型？

有句話說「男人要度量、女人要撒嬌」，所謂男人型是什麼樣的類型呢？當然是要有度量，女人型則是會撒嬌、而且十分纖細。以此為基準，來區分九種型態的男人與女人型之性格特徵吧！

首先最讓人感覺是個「男人」的為6與9型男性，他們都深具度量、擁有明確的原則，認為「男人就應該這麼做」。

2與5型男性非常踏實，但神經纖細，不能算是男人型。3與8型男性懂得照顧人是其優點，不過身為男性也給人線條過細的印象。

1、4、7型男性非常溫柔敦厚，但是欠缺力量，不像男人型。

另一方面，最像女人的類型是1、4、7型女性，她們在思考與行動方面都十分女性化、喜歡打扮，充滿女人的魅力。

2型女性雖不愛撒嬌，但像女性會注意細節，非常勤快。3、6、9型女性的思考比較男性化，但卻以女性的方式表現，因此，看起來充滿女人味。

5、8型女性的思考與行動都很男性化，讓人覺得她堅強偉大、值得依賴。

第三章

有效的接觸法

對於1型男性→女性最好主動打招呼

1型男性是慎重、思慮深沈的人，但是這個優點在戀愛時，卻變成因為害羞而欠缺決斷力的缺點。如果他對某人有好感，可能會花很長的時間才告白「我想和妳交往」，即使妳喜歡他，而且覺得他對妳有意思，他也不會主動打招呼或開口邀約妳。

所以女性最好能主動打招呼，他喜歡有智慧的開朗女性，妳可以仔細調查他的一切，找出能產生共鳴的話題、興趣，若無其事的找他討論。很容易將自己的心情表現於態度上的他，若讓妳覺得似乎不討厭自己，可以主動開口說：「我很想看場電影，要不要和我一起去啊？」具體的邀約他，但不要令他感覺負有重擔。

若依女性型態別建議，與同屬於1型的妳性格相似，因此妳會感覺：我怎麼可能主動和他說話……。但是如果從他的態度中看出對妳的好感，不妨主動邀請他。

假使妳是2、5、8型的女性，即使是真心話也不能說得過分，否則喜歡溫柔氣氛的他，可能會被嚇得抽身而退。他拙於應付太過坦率的女性，若是邀請他去約會或遊玩，而他表現出曖昧態度，就不要多加勉強。用誠意而非語言表現愛意，反而更能讓他接受。

假使妳是4、7型的女性，像平常一樣表現出開朗態度，就很容易贏得其好感。

由於1型男性很害羞畏縮，因此，女性必須表現出開朗態度。4、7型是屬於社交性、具有玩心的女性，不妨主動提出邀請，帶他去妳喜歡的店，詢問一下他的意見，也許會聽到一些尖銳的批評。

假使妳是3、6、9型女性，應該由妳主動引導與他的交往，如果真的對他感興趣，可以主動率直的提出約會邀請。3、6、9型女性喜歡知性話題，而他可以成為很好的談話對象。但是，即使妳感覺他對事物無法表現清晰態度，也不能勉強要求他配合自己的步調。

對於1型女性→可以多約她幾次

俗語說「眼睛會說話」就是指1型女性，她會以視線或態度表達自己的心情。感覺極佳的人，只需藉著她看妳的視線、或說話態度，即可得知她是否對自己有好感。

如果想接近她，必須自己先採取主動，觀察她的反應。

1型女性很會保護自己，所以邀約她時，為了瞭解你的誠意，她不會立刻說「好」，而會說「今天不太方便，下次吧！」你絕不可放棄，一定要一直持續到她瞭解你的優點才行，這是和1型女性接觸的重點。你對她絕不可以採取這種態度：「我想和妳交往，好或不要？」絕不可以強迫她，勉強的行動反而會令她討厭。

關於男性型態別的建議，同屬於1型的男性，應該可以藉著她看你的視線，或是在你身邊時的氣氛，察覺是否對自己有好感。如果覺得「可以發展下去」，就應該主動與之接觸。例如由公司或學校回家的途中，可以邀她去喝茶，藉這段時間確認雙方的想法，請一定要拿出勇氣來。

假使你是2、5、8型男性，在向她告白「我喜歡你」之前，最好先利用行動傳達心意。例如，在她遇到困難時伸出援手、幫她一點小忙，等她對你產生好感後再邀約。

如果你是4、7型的男性，當她憂鬱的時候，你對她的鼓勵相當有效。1型女性容易因為小事而迷惘、憂鬱，4或7型人可以利用自己樂天派的想法影響她。

你若是3、6、9型的男性，最好配合一下步調緩慢的她。3型男性的個性較急躁，6、9型多半有點自我中心的缺點。1型女性看似溫馴，但別忘了她也是擁有自己的意見與作法的人。

對任一型的男性都一樣，在告白時，即使她一直溫柔的隨聲附和，你也不能一味訴說自己的心情。也許她是怕傷害你，才表現出如此的態度，所以你必須表現出更尊重她意志的態度。

對於2型男性↓不可抱持遊戲心態，一定要認真

無論好壞都非常現實、認真，就是2型男性的性格關鍵。喜歡開朗的女性，但不會嚮往一些模特兒、女演員等偶像，他追求的是與自己相同世界的女性，能夠瞭解他的興趣與工作的人。他希望二人每天都能快樂生活，希望她是待在自己身邊的女性。

接觸方法首先要從他熟悉的部份開始，可以加入相同的俱樂部、從事相同的興趣或朋友團體等，必須瞭解不懂得表達自己的2型男性之心情，傾聽他的話語。

接觸方法並不困難，主要是2型男性非常認真，如果到了適婚年齡，一旦交往之後，他便會意識到結婚這回事。所以妳若只是抱持遊戲心理，事後可能造成雙方受傷害，請仔細考慮自己的想法之後再接近他。

由女性型態別來考慮，同樣屬於2型的女性較容易瞭解他的想法。二人

都比較庶民化，可以共同享受生活上一些小事的快樂，談話可以很投機。但是因為二人都很踏實，約會可能會變得一成不變，也許是沒什麼快樂氣氛的戀愛，所以至少在生日或耶誕節時，要注意製造一些氣氛。

如果妳是1、4、7型女性，只要溫柔的聽他說話，就能掌握他的心。尤其非常踏實的1型女性，開朗的4、7型女性，都具有抓住2型男性的魅力。

但是，1型的妳若不主動接觸，遲鈍的他可能不易察覺。而4、7型的人可能因為與他過於熟悉，變得掉以輕心，恐怕此時2型男性就會認為無法再發展下去。

假使妳是5、8型的女性，因為是非常踏實、實際的人，會令他產生共鳴感。喜歡無拘無束的場所，也是非常類似的一點，二人在便宜又好吃的餐廳、或二人的房間裡輕鬆約會，比較有效果。但他與妳都是很頑固的類型，當二人意見衝突時，一定要各讓一步。

如果妳是3、6、9型女性，可以引導笨拙的他提出約會要求，和頭腦靈活、視野寬闊的妳談話，他會顯得比平常饒舌。雖然類型不同，但有時反而能相處得很好。由女性主動引導，若是在態度上表現太過分，頑固的他會產生反感，請注意這一點。

對於2型女性→邀她用餐以感謝她的照顧

注意細節、懂得照顧人的2型女性，看到你衣服上的鈕釦掉了，她會說：「衣服借我一下」，然後拿過來幫你縫好，當你身體狀況不佳時，她會關心的問：「沒關係吧?要不要休息一下?」

她對任何人都非常親切，若你以為她喜歡上你了，未免言之過早，但是以此為理由約她出去，也是不錯的方法。

她既然經常照顧你，你可以直接說：「謝謝妳的關照，我想請妳吃飯作為答謝。」正直的她不喜歡含混不清的事物。若是把你看成朋友，當然會答應，如果實在不行，她也會清楚的對你說「對不起」。

約會地點最好選擇氣氛輕鬆的店，才能讓她放鬆自己，而你也能隨性說出自己的話題，相信能加快二人成為戀人的腳步。

如果以男性型態別作建議，同屬於2型的男性之誠實很容易掌握她的心，即使說話笨拙也沒關係，只要重視她即可，請將這種想法傳達給她瞭解。

如果是1、4、7型男性，非常懂得當聽眾的你，容易使她敞開心扉。二人親密交往之後，不要光說自己的事情，也要仔細傾聽她的想法。重視小細節的她來找你商量時，你給她的建議最好是「妳應該更放鬆一點」。她和你不同，華麗的場所與流行的店會讓她覺得「太累了」而不喜歡，若是重視她，別忽略她這種心情。

若是5、8型的男性，給人認真、樸實印象的你，很容易引起她的共鳴。二者都是擅長照顧人的男性，為了答謝她的體貼溫柔，不妨親手做禮物送給她，或是準備好吃的飯菜、甜點招待她。只要重視自然的交往，二人終究會成為公認的伴侶。

假使你是3、6、9型的男性，可以堂而皇之的接近她。3型男性正直、6型男性認真，而9型男性則很浪漫，都是她喜歡的特質。

但是，請不要勉強灌輸自己的意見給她，只要巧妙的領導，也許就能得到這個擅長照顧人的好戀人。

對於3型男性→成為朋友表現自己

好惡分明是3型人的特徵，他是好奇心旺盛的人，如果對妳感興趣，妳提出交往要求，他一定說「YES」，否則就會劃上休止符……。若不是有勇氣的人，很難採用正攻法接觸。

害怕對方說「NO」，所以不知道用什麼方法接觸他時，首先可以當朋友。3型男性喜歡表現自己的優點、引起對方關心，看似繞遠路，但因為他是比較被動的人，此方法才是達到戀愛的捷徑。他喜歡可以在精神上依賴的女性、乖乖遵從自己領導的女性，當然也非常注意女性的外觀。妳在精神和外觀上都必須好好磨練自己，然後才能去接近他。

在女性型態別的建議上，如果妳和他同樣是3型女性，容易建立精神上的繫絆，都具有求知慾、能敏感掌握對方的心態，是很好的談話對象。但是他和不執著於異性外觀的妳不同，他喜歡美人，所以若想捉住他的心，妳應該要好好研究如何打扮自己。

如果妳是1、4、7型女性，擁有女人味、擅長於社交，如果他對妳感興趣，就會主動接近妳。3型男性的態度會讓妳產生親切感，你們應該能順利交往下去。他若是一直沒有察覺到妳的存在，可以請朋友介紹，或是在宴會中自然表現自己，刺激他的好奇心。

如果妳是2、5、8型的女性，妳認真努力的態度，一定能獲得他很好的評價。

但是一旦交往以後，他會覺得2型女性過於纖細、5型女性太好勝、8型女性很頑固，而感到不滿。若想與他巧妙的交往，即使實際上是由妳引導二人的關係，表面上也必須顯露女人味。

如果妳是6、9型女性，妳可以包容神經過敏的他。即使是女性，妳擁有很寬廣的視野，可以尊重他的意見、展現自己的知性，成為快樂的互相討論之對象。只要加深精神的繫絆，就能成為很好的伴侶。

對於3型女性→可以成為很好的競爭對手

無論任何事都注意內在而非外在的3型女性，對異性也是一樣。不喜歡大家都迷戀的俊男，而喜歡具有包容力，能夠在精神上支持自己的男性。

該怎麼做才能成為這樣的存在者呢？3型女性對戀愛不感興趣，對工作、學習、嗜好卻十分熱心。因此，如果能在工作或課業上，成為她好的競爭對手，在她感興趣的世界中成為重要存在，是比較好的接觸方法。

超越能幹又有智慧的她，是很困難的事，但是若能得到她、又提升自我，不失為一石二鳥的作法。在精神上扮演一個「好男人」的角色，是與她接近的好方法。

在男性型態別的建議方面，如果你與她同樣是3型，你的智慧必然能夠取悅她。3型男性具有纖細的感性，非常懂得製造戀愛氣氛，為了在這方面較不拿手的她，不妨想出各式各樣的約會計畫邀請她。

如果你是1、4、7型的男性，可能會想要引導她，但事實上你應該要好好的配合、支持她才對。

看似非常倔強，可是感受力很強、感情脆弱的她，只需你在聽她說話時扮演好聽眾角色，在細節方面照顧她就夠了。二人建立這種良好關係之後，沒有你的存在，會令她非常寂寞。

假使你是2、5、8型的男性，直接提出交往的要求也不錯。2、5、8型男性比自己想像的更笨拙，所以，在能看穿他人心思的3型女性面前，絕不要賣弄笨拙的技巧，在平時生活中表現出誠實與努力，才是上策。如果她給你很高的評價，一定會答應和你交往。

若你是6、9型的男性，可以在她感興趣的範圍，表現博學與知識的深度。你和她都自我主張強烈，依照自己的步調前進。

如果她認為你是個「能幹的人」，便會對你的表現覺得與自己類似而產生共鳴。假使你不是能幹的人，卻故意要表現偉大的樣子，非常容易引發她的反感，請一定要注意。

對於4型男性→必須主動告白「喜歡你」

對異性非常關心的4型男性，理想戀人是能感覺心意互通的女性，而且要長得很好看、具有優雅美感，他的理想相當高。但他是個害羞的人，即使內心覺得（很棒……）的異性，也不會清楚說明自己的想法。

對於害羞的4型男性，有時妳必須主動打招呼，或是待在他身邊，以這種方式傳送戀愛訊息，不然即使妳喜歡他，他也不知道。

所以4型男性通常不是與自己喜歡的人，而是與喜歡自己的人交往，所以如果妳喜歡他，就應該坦白告訴他，溫柔的他絕不會斷然拒絕妳。交往之後二人心意互通，他能承認妳的優點，必然可以成為最佳伴侶。

而女性型態別的建議如下，妳和他若是同為4型，二人都是屬於社交性的人，容易立刻建立友好氣氛。問題在於雙方都沒有告白的勇氣，可能一直都是朋友而已。所以即使妳是女性，也應該採取主動、製造戀愛氣氛，進行戲劇性的告白。

如果妳是1、7型女性，1型女性會不著痕跡，而7型女性會若無其事的利用自我表現對他傳達好感，可以順利展開朋友的交往。1型女性缺乏告白的勇氣，但是能夠敏感掌握人心的他，藉著你的態度就可以接收到訊息，所以妳可以安心的對他說「喜歡你」。

另一方面，7型女性對很容易得手的他，可能不屑一顧，會一面與他交往，又同時對其他異性關心，一定要注意無法認真交往的問題。

假使妳是2、5、8型女性，最好將自己的心情坦白告訴他。比較誇張、屬於好好先生的4型男性，若妳願意跟隨他，他會把妳視為很重要的人。此外，外表上表現出女人味、或注意自己的打扮，都能藉以掌握他的心。

如果妳是3、6、9型女性，對任何事都表現曖昧的4型男性，絕不能強迫他「清楚的表態」。

屬於強力領導者的妳，雖然與4型男性非常搭配，但過度勉強反而會使他離開妳，所以要展現妳的包容力。

對於4型女性→可以送她浪漫的禮物

需要隨時有戀愛的感覺，是4型女性的浪漫想法。對男性戀人的理想很高，必須長得英俊瀟灑、裝扮時髦，是具有人性魅力的人。希望談一場轟轟烈烈的戀愛，就像是個喜歡作夢的理想主義者。

如果你想和她談戀愛，首先你要非常英俊，而且不能有破壞她美夢的言行。即使做戀愛告白時，也不要大聲說「我喜歡妳」，可以利用信紙表達相思之情，或是送上卡片及很棒的禮物。

不一定要送她禮品，詩或歌也可以，也許你會覺得有點肉麻，但這是告白時需要注意的細節。

在可以看到美麗夜景的餐廳、或流行的咖啡屋，在她耳邊輕聲細語的說著……，對於喜歡浪漫的她而言，下這方面的功夫很重要。

在男性型態別的建議方面，如果你是4型男性，平時就可藉著態度傳送戀愛訊息，她必定能接收到。因此和她約會是重點，如果覺得難為情，可以不看她的臉而利用FAX或E-mail，邀請她「明天一起吃飯好嗎？」在約會時懂得說話技巧的你，相信能製造很棒的戀愛氣氛。

如果你是1、7型男性，由於彼此的溫和言行相當類似，容易產生親近感。1型男性的思慮頗深，而7型男性的感覺極佳，都會引起她的注意，接著只需對她告白即可。

尤其是1型男性容易猶豫不決，必須拿出勇氣來。開始交往之後，容易鬆懈的7型男性，請注意不要給個性溫柔的4型女性造成麻煩。

如果你是2、5、8型男性，你的誠實與親切，只有4型女性才能理解。可以先當朋友，對她竭盡忠誠，等到適當時期再作告白，比一開始就說「我喜歡妳」的成功機率更高，但是如果他拒絕你，那麼就放棄吧！

假使你是3、6、9型的男性，對她表現精神上的魅力最好。3型男性重視感覺、6型男性具有包容力、9型男性會著眼於大局，這些優點都可以向她表現出來。

注意不要焦躁，努力傳達自己的心情，就能打動理想較高的她。

對於5型男性—表現出華麗的魅力

野心勃勃、朝向目標不斷努力的5型男性，別人一定會認為他所喜歡的女性，是能夠在背後支持他的踏實女性，這是錯誤的想法，其實他喜歡的是具有危險女人香的華麗美人，甚至在心中祈禱能與她擁有戲劇性的戀愛。

看似意外，但我們經常會追求與自己資質截然不同的異性，也就是找尋完全相反的類型，才能夠湧現戀愛的感覺。當然，5型男性與和自己類似的女性會產生共鳴，不過這不是戀愛，而是友情。

如果妳希望他注意到妳，就必須表現出非常搶眼的美感，散發謎一般的魅力。首先要吸引他的關心，接著只需要等他發動猛烈攻勢就夠了。

如果妳沒有自信演出這種角色，在他對妳表現親切態度時，可以用和他約會的方式表達謝意。

對女性型態別的建議方面，如果妳是與他相同的5型，由於二人非常類似，可以培養共鳴，但很難發展為戀愛……。不過不要失望，首先建立朋友關係，等到他覺得雙方與他人不同、是非常重要的存在時，就可以逐漸走向婚姻之路。5型女性若能在裝扮上花點心思，更能打動他的心。

如果妳是1、4、7型女性，具有女人味的態度與說話方式，能以華麗氣氛深深吸引他的目光。二人很容易成為戀愛伴侶，問題在交往之後會發生一些事端。

1型女性太過重視現實，對於不瞭解氣氛的他，也許會有所不滿；7型女性與5型男性的美意識與金錢觀念不同；而4型女性太過依賴犧牲奉獻的他，也會令他覺得不滿。所以，重點在於如何改善價值觀的差距。

假使妳是2、8型女性，與5型女性同樣容易與他成為朋友，如果想變成戀人，就需要花點工夫了。不會裝腔作勢是2、8型女性的優點，但是在他面前應該要華麗一些，考慮較為浪漫的戀愛演出吧！

妳若是3、6、9型女性，知性魅力容易吸引他的關心。妳可以在感興趣的範圍內，儘量與他討論，也是很好的方法。只要讓他覺得「雖然是女性，可是很能幹」，妳就成功了。在交往上，其實是由你主動領導。

對於5型女性→抱持可能被拒絕的心態，堂皇邀約她

踏實的5型女性，對戀愛的感覺比較淡薄，希望成為女強人而埋首於工作。

但若因某種關鍵而陷入戀愛，態度可能會有一百八十度的大轉變，讓人驚訝的懷疑「真的是她嗎？」例如，5型女性喜歡的男性可能是與本人完全相反的花花公子型，或是很有智慧、具有魅力的人。別人可能會認為「那麼踏實的人，怎麼會找那種男友呢？」但是她一旦陷入戀情，對周遭的意見根本充耳不聞，而且平常的行動力與乾淨俐落的言行，全部消失無蹤。5型女性在男友面前可能變得沈默寡言，好像很笨拙似的等待男性追求。

若想掌握5型女性的心理，首先男性必須具備相當搶眼的資質，無論是外貌英俊、或具有優秀的知性，都可以吸引她的目光，在前半戰就獲得成功。而後半戰則是抱持可能被拒絕的覺悟，堂皇地向她提出約會邀請。當然直

接站在她面前邀約也可以，但站在自己喜歡的對象面前，她會變得非常笨拙，場面可能會有點尷尬……。此時不如清楚的問「ＹＥＳ或ＮＯ？」刺激她的心，結果她較容易回答「ＯＫ」。

男性型態別的建議方面，如果你是1、4、7型男性，可以利用巧妙的社交性使僵硬的她放鬆，才能夠享受快樂。假使二人已經建立良好關係，而你沒有告白的勇氣，不妨準備一個小禮物，附上卡片傳遞訊息。開始交往後可能會由她領導，你接受她的照顧一定要致謝，傳達這種感謝之心很重要。

如果你是2、5、8型男性，由於二人具有相似的價值觀，她會好像和同性朋友交往一般，長久下去可能無法發展為戀愛。

所以，當她為你犧牲服務時，你可以誇張的說：「我沒有妳不行」，也許可以建立超越朋友的關係。

若你是3、6、9型男性，將你靈活的頭腦、豐富的知識、洗練的言行，表現於她的面前，能夠刺激她的心。

不習慣戀愛的她，可以由你來主動領導，不過原本就是意志非常堅強的女性，所以別忘了時時徵詢她的意見。

對於6型男性——要稱讚他的優點

6型男性對異性的關心度不高，尤其他埋首於工作或學習時，即使他內心覺得「不錯」的人，可能也不會發展為戀情。雖然非常驕傲，可是不太會說話，所以不會自己積極主動的接觸異性。若是一直等待對方採取主動的態度，恐怕無法發展為戀愛了。

假使妳喜歡6型男性，對他內心深感自負之處，例如強烈的正義感、擅長照顧別人、具有寬廣的視野或深思熟慮等優點，妳都要好好的稱讚。6型男性大都屬於強硬派，但是非常認真、容易孤獨，一定要瞭解他、給他溫暖。他對任何事都喜歡表現強烈自我、喜歡掌握主導權，所以，妳要表現溫馴跟從的姿態，如此一來，他必然會接納你的愛情。

女性型態別的建議方面，如果妳與他同樣是6型，在精神面能產生共鳴，自然能使雙方關係有所進展。

但是，要注意二人都以自我為主，好爭辯沒什麼錯，可是若二人都不肯各讓一步，很容易因爭吵而分手……，請一定要互相讓步。

如果妳是1、4、7型女性，給人開朗溫柔印象的妳，容易使他敞開心扉。若無其事的接近他、傾聽他的煩惱，就能順利的接近，他雖然有時會不高興，但妳可以藉拿手的社交術巧妙地與他相處。

假使妳是2、5、8型女性，對於頭腦派、喜歡追逐紙上談兵邏輯的他，可以憑藉認真踏實的態度跟隨他，就能贏得他的心。2型女性表現出認真、8型女性表現出樸素，都能引發其好感，當然5型女性的知性魅力，也可以吸引他的目光。

但是，只認定基於經驗之意見的5型女性，與理論家似的6型男性，一旦討論起來容易產生摩擦，必須注意這一點。

若妳是3、9型的女性，具有旺盛的求知慾、重視精神，這一點與他相當類似。二人都擁有清楚的自我主張，如果彼此不表現出敬意，恐怕有摩擦的危機。3型女性一直在細節上跟他斤斤計較，而9型女性拼命想按照自己的意思行事，如此一來，很難與他成為愛人同志。

對於6型女性→邀她去喜歡的店或她喜歡的活動

充滿智慧、具有成熟氣氛的6型女性，男性可能認為她們累積了相當多的戀愛經驗，而實際上很多女性在戀愛上都有秘訣。

6型女性忙於實現自己的夢想，埋首於自己感興趣的事物，即使沒有愛人也覺得「無所謂」。而且她們對對象的理想很高，除非能達到精神交流的境界，並且不會紊亂她生活步調的人，才能成為她的理想伴侶。

一般而言，周圍的人認為6型女性非常堅強，所以她們想尋求擁有自己所缺乏的溫柔、開朗與玩心的對象。如果想和她談戀愛，就必須表現積極的態度，主動邀請她、逗她笑、使她快樂，儘可能帶她去喜歡的店、從事她喜歡的活動，讓她能夠放鬆心情，她便會對你抱持好感。

在男性型態別的建議方面，如果你與她同樣是屬於6型，由於興趣志向類似，在精神面能夠達到交流。但是二人都十分倔強，想表現出自己最棒的一面，假使做得不好，就會互指雙方的缺點，讓雙方關係陷入低潮……。畢竟沒有人是完美的，所以不要太在意對方的缺點，只需保持適度的刺激關係即可。

如果你是1、4、7型男性，非常穩重、擅長社交的你，能夠使她放鬆，即使女性取得領導權，這型的男性也會欣然接受。接受她的主張，對她笨拙的表現感覺可愛，才能使戀愛長久持續下去。

假使你是2、5、8型男性，你的犧牲奉獻能使她敞開心扉。她和你都很率直認真，只要開始交往之後，就能一直穩定的持續下去。但是理論派的6型女性與經驗派的5型男性，容易產生意見的衝突……。二人都沒有錯，因此，必須各讓一步，肯定對方的想法。

若你是3、9型男性，對不知如何與異性相處的她，一開始可以由你領導。3型男性能夠敏感掌握對方的想法，可以鼓勵她、對她表現溫柔。

9型男性與她的交往上軌道後，除了主張自己的意見，也必須側耳傾聽她的意見。

對於7型男性—重點是積極的接觸

7型男性在任何時候都會意識到異性的眼光，希望得到更多異性的矚目，希望別人說他很英俊瀟灑，容易成為花花公子。他很懂得發現女性的魅力，若要和他談戀愛，競爭對手會很多。主動接觸比較容易提高成功機率。

一旦決定與她接觸，就要積極表現自己的優點。覺得自己美感極佳的人，可以用服裝吸引他的注意，覺得自己有犧牲服務精神的人，可以為他做飯菜、照顧他的身體，只要在自己拿手的範圍內努力即可。

二人開始交往後，一定要巧妙稱讚他的魅力，他很希望別人覺得自己好看、別人認定自己的才能。他對女性溫柔的稱讚話語無法抵抗，妳要對他犧牲奉獻、支持他，那麼，他一定會對妳表現親切，譬如邀妳去喝茶等等，如此一來，主動作戰就獲得了成功。但是7型男性容易厭倦，妳必須多加努力，才能持續交往下去。

關於女性型態別的建議如下，如果妳與他同樣是7型，絕佳的美感與顯眼的服裝能吸引他的目光，他也很講究服裝，二人可謂是俊男美女的組合，是眾人豔羨的一對愛侶。但是二人都容易厭倦，可能很快就會分手，所以隨時保持新鮮感非常重要。

如果妳是1型女性，溫馴的妳與開朗的他看似不合，但是7型男性較大而化之，慎重的妳可以在背後支持他。如果妳是4型女性，二人都擅長照顧別人，因而立刻會產生親近感，能夠輕鬆的相處。不過二人的性格都較為閒散，若無其中一人的堅強意志，可能無法走向婚姻之路。

假使妳是2、5、8型女性，踏實的妳可以在生活面支持他，7型男性很喜歡別人照顧，因此，妳若在各方面照顧他，他絕對無法離開妳。

倘若妳是3、6、9型女性，可以表現知性的魅力，以吸引他的目光。交往之後，3型女性不要過度責怪7型男性的散漫，而6、9型女性借重堅強的特質，成為他精神上的支柱，可以領導他。

對於7型女性——豪華的約會排場具有效果

具備華麗氣氛的7型女性，是男性最想帶出去的女性，所以，戀愛經驗當然很多。她本身十分溫柔體貼，就像沒有刺的美麗花朵，但是，因為競爭對手太多，而成為高嶺之花。

若想引起她的關心，必須毫不羞怯的表現自己之優點。無論是豐富的話題、體面的外表或是對她的誠實，如果你自認自己的優點不遜於其他對手，她也一定會注意到你的存在。

二人開始交往之後，當然會提出約會的要求。在此絕不可忘記的是她喜歡華麗的場所與商店，喜歡奢侈，如果要帶她去小酒館或麵店，她可能會說：「對不起！下次再說」。與她約會一定要調查她喜歡的店，先行預約，自己也要好好梳妝打扮一番。

此外，約會時最重要的是談話，即使你不太會說話，也一定要記得說：

「這件衣服很適合妳」或「妳今天真美」，不要忘記稱讚她的美麗。

在男性型態別的建議方面，同樣是7型的男性，非常懂得如何在約會時取悅她，因為是興趣相似的女性，二人容易談得來。但是若太過忽略時間或金錢，總有一天會使她的心情冷卻……。

如果你是1、4型男性，將主導權交給開朗、有玩心的她吧！你只要溫柔的聽她說話，她就會以心相許了。但是優柔寡斷的4型男性，可能會注意到其他的女性，而她為了報復，則會結交其他男性。

假使你是2、5、8型男性，可能會被她的明星魅力吸引，想為她犧牲奉獻。樸素的你與華麗的她，看起來不太搭配，但是你的誠實與坦白卻能贏得她的心。若想讓她安心的依賴你，多照顧她即能發生效果。

如果你是3型男性，可以展現出迅速的行動與拿手的幽默。如果你是6型男性，採取不在乎的態度，認為「女人算什麼」，會造成反效果，必須以自然的態度展現好感，才能順利交往下去。

如果你是9型男性，她會注意到你這個華麗的存在者，但是二人都喜歡浪費，要注意控制金錢。

對於8型男性→先交朋友

8型男性稍嫌女性化、女性稍嫌男性化，在戀愛方面也是如此，女性追求實際的戀愛，而男性則喜歡作夢、尋求浪漫的戀情。

戀愛對象喜歡感受性豐富，能夠製造浪漫氣氛的女性。另一方面，具有母性本能的他，又喜歡大姊姊型的女性，由於他是見異思遷型，所以喜歡他必須好好守著他。

很會照顧人的8型男性，在喜歡的女性面前會保持放鬆態度，不斷說話或說些笑話，看起來與平常一樣，但是內心卻非常掙扎，而沒有跨出第一步的勇氣。因此，二人先交朋友，循序漸進的建立親密關係較好。

如果妳喜歡他，也可以反用這個方法，主動接近他、先交朋友，若無其事的向他傳達好感。

8型男性是很會照顧人、很溫柔的人，如果他注意到妳的主動接觸，而他又覺得可以接受妳的感情，就會以拿手的犧牲服務來報答妳。

在女性型態別的建議方面，如果妳是1、4、7型女性，要表現出豐富的感受性與積極態度，讓他認為「和這個女性可以談一場轟轟烈烈的戀愛」即可。忠於自己心情的他主動接近妳時，妳一定要明確表現出YES的意志。實際交往之後，身為女性的妳，可能會領導被動的他。

假如妳是2、5、8型女性，由於二人的言行都非常坦率，可以放心的交往。容易輕舉妄動，卻又注意小節的他，能夠藉著妳的踏實與現實性來彌補。2型女性如果細心照顧他，相信能獲得他的喜愛。5型與8型女性若穿著稍具女人味的服裝、展現女人味的態度，很容易掌握住他的心。

倘若妳是3、6、9型的女性，最好由妳主動提出戀愛告白。

3型女性可以將乾淨俐落的一面，表現於他的面前。

6、9型女性也可以表現出自己是值得依賴的人，吸引他的關心。只要以包容力照顧他，就能順利發展下去。

對於8型女性↓仔細挑選禮物送給她

8型女性具有現實的戀愛觀，幾乎不會談什麼轟轟烈烈的戀愛，也不可能有一見鍾情的戀情出現。戀愛對象大多在職場或學校中，每天見面的身邊的男性。

8型女性喜歡二種類型的男性，一種是好勝女性都認為「我可以跟從這個人」，比較像大男人的男性；另一種是對她言聽計從，給人溫柔印象的男性。她平常看起來雖然很乾脆，但絕不會向自己喜歡的人主動打招呼。

雖然8型女性是踏實者，但是戀愛方面卻十分羞怯，男性應該主動提出約會要求較好。男性若是認為「她就是我喜歡的人」，就應該積極的接近她，就算她不答應也無須在意。不習慣戀愛的她，一旦意識到對方的存在，態度就會變得非常彆扭。你必須以疼愛的心，包容她這種笨拙的態度。

另一方面，雖然很喜歡她，但是自己也不太會說話，想主動打招呼又提不起勇氣……。這樣的你可以探詢她的喜好，仔細挑選禮物送給她，將自己的心意寄託於禮物中。她自己送東西給人時，也會仔細挑選禮物，認為如此才能傳達自己的心情，所以自己得到禮物時，也能夠感受對方的心意。

關於男性型態別的建議，如果你是1、4、7型男性，最拿手的視線與態度接觸，對她而言沒有用。如果想接觸她，一定要拿出勇氣直接接觸，而且交往之後，絕不要有含混不清或散漫的表現，這樣雙方的心意才能互通。

如果你是2、5、8型男性，同樣是踏實認真的人，有類似的價值觀，所以能快速的互通心意。只要老實傳達自己的想法，平常就發現你很努力的她，心裡會想「如果是這個人就能安心」，當然二人發展的可能性很大。但是二人都是不善玩樂的人，可能會欠缺戀愛氣氛，所以，偶而也應該享受旅行或奢侈的飲食之樂。

假使你是3、6、9型男性，她的踏實反而會給人一種新鮮感。3型男性一開始主動邀約，然後交由她領導為佳。6、9型男性則表現出大男人的一面，交往時要好好的領導她。

對於9型男性—表現乖乖跟隨的態度

9型男性的感受性豐富，是浪漫主義者，希望擁有純粹的精神戀愛，所以不僅重視外表，如果能遇到一個理解自己的崇高理想、並能產生共鳴的女性，也就是可以一起談論未來及人生的人時，就會開始認真的戀愛。因此，在還沒有等到自己認為「就是她」的人出現之前，即使得到周遭女性的喜愛，也不會認真地與她們交往。

如果妳喜歡他，首先必須讓他承認妳的優點。他喜歡的不是與自己類似的強烈主張型，而是具有自己所欠缺的柔和、開朗、踏實、樸素的人。隨時在眺望遠方的9型男性，若能遇到使他放鬆的女性，或是提醒他遺忘之事的女性，最為適合。

如果妳能在這點上表現自己的長處，他會主動接近妳。交談時一定要表現出乖乖跟隨他的態度，具有強烈自我意識的他，不願意與和自己不十分速配的人交往。他認為女性應該有溫柔與寬大的心胸。

在女性型態別的建議方面，如果妳與他同屬9型，二人都喜歡充滿智慧的高尚話題，可以達到精神面的共鳴，只要率直的接觸，立刻能成為很好的伴侶。但糟糕的是以後的發展，因為都希望對方跟隨自己，當然會紛爭不斷，最好能保持距離地交往。

如果妳是1、4、7型女性，女人味的溫柔言行及開朗能吸引他，只要安靜傾聽他熱情的話語、溫柔的鼓勵他，就一切OK了。當他提出要和妳交往時，不要扭扭捏捏，只需率直的回答「YES」即可。

假使妳是2、5、8型女性，妳的正直踏實深深吸引他。儘量表現妳不裝腔作勢的魅力吧！交往之後，要注意細節以及踏實努力，支持他旺盛的挑戰精神。

倘若妳是3型女性，注意細節的妳與著重大局的他，能夠互補缺點，成為很好的伴侶。將妳的知性表現於他面前，跟隨他的領導。如果妳是6型女性，注重自我主張的妳與他，大概很少談戀愛而是進行智慧的爭論。比較不適合當戀人，適合作為互相刺激的朋友。

對於9型女性→在工作或社會問題上找尋共鳴

追求浪漫與美感的9型女性，對戀愛會描繪出神聖又美好的印象。她尋求的男性是重視精神的人，能夠尊重頭腦清晰、有能力的她。也就是說，她不喜歡和自己同樣活躍、野心勃勃的人，穩重、溫馴、非常踏實的男性，才能使她的心情平靜，認為「和這個人能順利交往下去」。

但是對許多男性而言，要接觸把自己保護得很好、不露縫隙的她，並不是簡單的事。她認為「如果沒有遇到好對象，不談戀愛也無妨」，如果你隨便便接觸她，她恐怕根本不屑一顧。所以最好的辦法，就是踏實、一步一步的接近她。

想與她建立親密關係，首先要想辦法與交際範圍不太廣泛的她認識。你可以透過朋友介紹，或是因工作或興趣而有接觸機會。不需要一開始就談戀愛，可以藉工作或社會的話題加深共鳴，也就是透過普通的交往，慢慢表現出你的優點，傳達她認為重要的事物之訊息，她便會注意到你的存在。

在男性型態別的建議方面，如果你與她同屬9型，透過知性話題互相瞭解是最好的辦法。但是你和她都是倔強的人，都希望對方按照自己的意思展現行動，無法長久交往下去。最好忘記爭奪主導權，以極大的包容力對待她。如果你是1、4、7型男性，把你的穩重與開朗表現於她的面前吧！即使是美人，但個性剛強令男性敬而遠之的她，也認為你的親切溫柔使自己安心。若是她說一些任性的話，你只能笑而不答，以如此的寬大胸懷對待她，她就會主動接近你。

假使你是2、5、8型的男性，這位為實現理想而不斷努力的女性，會尋求你這種在背後支持她的誠懇男性。你必須表現對她竭盡忠誠的態度，多花一點時間，必然能掌握她的心。不能認為「她是高嶺之花，我追不上」而放棄，一定要多努力。

倘若你是3型男性，9型女性會成為你的依賴，可以藉著細心照顧與談話技巧吸引她，然後跟隨她的領導。如果你是不服輸的6型男性，成為她的競爭對手、展現你的魅力，就能夠吸引她。

禮 物 作 戰

九種類型在五感（視覺、聽覺、味覺、嗅覺、觸覺）之中，必然有一種感覺異常優秀。這也可以說是他、她執著的範圍，掌握此重點送禮物，自然能得到對方的關心。

1型人的嗅覺敏銳，因此可以送1型女性高級香水、香花，或是贈送芳香療法的產品也不錯。男性可以送他含古龍水的沐浴用品，或是高級古龍水。

2、5、8型是屬於味覺敏銳的人，如果要送禮物給這型女性，最好送風評極佳的美味點心、罕見的水果，或是請她到高級餐廳吃飯。男性則送親手做的便當、點心等，對他較能發揮作用。

3、4型具有敏銳的聽覺，是喜歡聽音樂或收集這方面情報的人。可以送他們品質極佳的CD或錄音帶，或是新出的電腦軟體等。

6、7型的人具有敏銳的觸覺，送給女性，可以選肌膚觸感極佳的圍巾、或是餐具，送給男性可選擇高級鞋類或皮帶等皮革製品。

視覺優良的9型人，可以送他們高品味的石版畫或物品。女性喜歡玫瑰、蘭花等高貴的花，或者是送寶石等飾物。

第四章

男女速配度

如果你是1型男性

●與1型女性的速配度……(50分)

雖然心中非常喜歡，但卻不會清楚以語言表達的1型人，因為二人都同樣有這種傾向，所以身為男性的你應該先拿出勇氣。交往之後二人的心意互通，無須故意裝酷，有時需要明白的愛情表現，才能使戀情持續下去。

●與2型女性的速配度……(50分)

認真踏實的2型女性，也許不會讓你意識到她是女性，卻是容易交往的對象。你們可以在她的領導下進行交往，但是她過於囉唆且太不會掩飾自己，會讓你覺得缺乏戀愛氣氛而感到不滿。不過她是誠實而不容懷疑的對象，因此，你應該以寬大的心胸，接納過於正直、較為笨拙的她。

●與3型女性的速配度……(70分)

積極的她與溫馴的你之組合，因為性格的不同，反而使二人更合適。交往時由她領導，而你因為能掌握她的心情，所以不會覺得不滿。

可是如果你跟不上她的急躁個性，也許就會引起問題，你應該表明態度，不然她可能會離你遠去。

●與4型女性的速配度……(80分)

開朗、嬌美的4型女性，在你眼中是可愛的對象。但是4型女性認為你並不可靠，所以忍不住的想「一定要跟著你」。

雙方會為對方犧牲奉獻，成為陷入熱戀的伴侶。她很吃香，而你要側耳傾聽她的話，二人心手相連，就能成為幸福的伴侶。

●與5型女性的速配度……(50分)

5型女性是踏實者，即使繞遠路也要把事情做好。你會被她的人性魅力吸引而開始交往，二人的交往完全要配合她的步調，如果你堅持自己的意見，有時沒有女人味的她會不太高興。但她若是不想分手，二人之間就會成為孽緣。所以你一旦認定她的優點，就別忘了配合她的想法。

●與6型女性的速配度……(80分)

有智慧、非常成熟的6型女性，和你在各方面都可以商量，是很好的伴侶。雖然形式上由她領導你們的交往，但實際上卻是你。

如果你不管她說得再過分都包容她，她會喜歡這種包容力。越交往下去，二人的信賴度和愛情越深，是很相配的一對。

●與7型女性的速配度……(90分)

7型女性具有開朗的女性魅力，是你嚮往的女性。但是喜歡她的競爭對手很多，你要鼓起勇氣，對她提出清楚的要求。

交往之後，要領導任性的她。雖然不能太過放任她的奢侈，但太過吝嗇會令她不高興，所以錢包有時打開、有時關上，要巧妙的調節。

●與8型女性的速配度……(60分)

8型女性不會裝腔作勢，懂得照顧別人、體貼，都是吸引你的要素。如果能坦率的與她接近，相信率直的她也會接受你的想法。交往時要循序漸進，如果她不答應，絕不能強吻她。

基本上要配合她的步調，最好在有事發生時再巧妙的領導她。

●與9型女性的速配度……(40分)

美麗又個性激烈的她，是很容易燃燒熱情火焰的人，而你慎重穩定，看起來就像靜靜流動的水一般。

因為雙方都追求浪漫，所以會互相吸引。但是你若不能如同她的僕人一般，為她犧牲奉獻，就無法成立二人的關係。如果表面上由她領導，而你對於在暗地守護她深感自負，二人就能順利交往下去。

如果妳是1型女性

●與1型男性的速配度……(50分)

雖然嚮往浪漫的戀情，但是對於喜歡對象態度卻較消極的妳，和1型的他是相同類型。所以，最好在情人節或聖誕節時，鼓起勇氣表達自己的心意。即使鬧彆扭的時候，也要露出開朗的笑容、積極的和他說話。

●與2型男性的速配度……(60分)

誠實的2型男性，能夠使內向慎重的1型女性安心。但是他太過耿直，而且服裝、說話的品味都不佳，也許妳會認為「真是無趣的人」而感到不滿。要求他改變是不可能的，如果妳努力照顧他，結果還是無法喜歡他，就由妳自己決定要不要分手囉！

●與3型男性的速配度……(70分)

積極的接近妳，藉著有趣的笑話使妳心情平靜的3型男性，對1型女性而言是容易交往的對象，在約會時會不斷思考如何取悅你。

如果雙方的交往不太順利，通常是因為妳認為他過於焦躁，而且情緒起伏不定，應該儘可能朝好的方向看、認同對方才是。

●與4型男性的速配度……(80分)

開朗、不裝腔作勢的4型男性，能夠使人心情放鬆，二人的速配性極佳。照顧喜歡照顧別人的他，也許是件辛苦的事，他寧可自己吃不飽，也會借錢給朋友，或是勉強接受一些麻煩事……。

此外，有許多女性都喜歡這樣的男性，也會令你感到擔心，而認為他不值得依賴。其實如果妳願意跟隨他，就能建立良好的關係。

●與5型男性的速配度……(50分)

態度溫柔、懂得照顧人的5型男性，容易讓妳產生好感。妳會為他犧牲奉獻，而他能讓妳撒嬌、讓妳感覺值得依賴，二人是頗讓周遭眾人羨慕的甜蜜伴侶。交往後妳會感覺到他的合理性與冷淡，但他卻是內在隱藏激情的人，只要誠實與他交往，就能充分的應付。

●與6型男性的速配度……(80分)

不管別人要求何事，拍胸脯保證「交給我準沒錯！」的6型男性，是十足的大男人、值得依賴的男性。而1型女性是屬於女性型的人，比較有女人味的妳、與比較大男人的他，能夠取得平衡。他的值得依賴一旦變成倔強，妳也要如柳樹隨風倒般地配合他，巧妙的與他搭配。

但是要注意，雙方都不要囉唆一些小事為宜。

●與7型男性的速配度……(70分)

懂得說服別人而且外貌英俊的7型男性，能讓妳充分感受戀愛氣氛。當然妳不想離開這麼棒的男友，但遺憾的是，他受到許多女性的歡迎。

他一旦脫離妳的視線範圍，就不知要飛到哪兒去了，所以妳應該好好守著他，同時要注意別太囉唆，掌穩戀愛的舵吧！

●與8型男性的速配度……(60分)

1型女性非常女性化，但是與不值得依賴的8型男性在一起時，應該由妳來領導。8型男性在重要時刻不會清楚表態，欠缺主體性，和遇到困難能發揮強韌力量的妳，是完全相反的類型。但他十分溫柔而且竭盡忠誠，這是很可貴的，妳應該認定他的優點。

●與9型男性的速配度……(40分)

9型男性對事物的看法廣泛、富於創造力，對妳而言具有新鮮的魅力。此外，二人都重視精神、非常浪漫，所以容易製造浪漫的戀愛氣氛。但是對於他性急的求愛，因為不忍心傷害他，而勉強答應「YES」，卻可能逼使妳必須配合其步調前進。為了自己著想，最好清楚表達自己的意志。

如果你是2型男性

●與1型女性的速配度……(60分)

你認為1型女性很純良、具有女性的魅力，是誠實且值得信賴的對象。彼此互有好感卻無法展開戀愛，因為雙方都很被動，所以你必須好好製造機會、培養戀愛才行。交往之後，別忘了為喜歡浪漫的她，營造戀愛氣氛。

●與2型女性的速配度……(50分)

二人都非常踏實謙恭，而且能心意相通，會一邊確認對方的心意、一邊交往，以加深親密度。由於二人都不喜歡豪華，約會地點大多是自宅或附近的公園，但是戀愛不能一成不變，不妨偶而駕車出遊、或計畫小旅行，在新鮮的環境中使心情煥然一新。

●與3型女性的速配度……(40分)

接觸活潑的3型女性，對笨拙的2型男性而言，可能會感到戰戰兢兢。但是，請安心吧！女性反而會認為你的笨拙是認真的表現。

對性格清楚的她而言，只要不說「NO」就是OK之意。交往之後可以配合其領導，觀察她的言行也是一大樂事。

●與4型女性的速配度……(50分)

溫柔、具有姿色的4型女性，讓人想要保護她，只盼望取悅她、竭盡忠誠。當然她也喜歡這一點，但是會認為你只是普通的「好人」。如果在碰到事情的時候，能夠積極領導迷惘的她，相信她會對你另眼相看，認為你是真正的男人。

●與5型女性的速配度……(60分)

處理任何事都乾淨俐落的女性，與猶豫不決的男性，你們二人就如男女逆轉一般。但是二人都是現實派、非常踏實，這一點卻很類似，只要按照容易進行的方式交往下去即可，因為二人心意互通。她對於你的誠意會以誠意回報，要注意絕不可做出違反雙方信賴的行為。

●與6型女性的速配度……(70分)

具有行動力、有度量的6型女性，比外表看起來更踏實，而你自己也是踏實、給人安定感的人，但是不能以力量綁住她。如果與她接觸幾次都被拒絕，也不能退縮，要有堅定的意志。

交往時最好由她領導，你在一旁守護即可，要有這種寬大的精神，而且不要在意一些細微小事。

●與7型女性的速配度……(80分)

雖然華麗的7型女性吸引你的目光，但是不知該如何接觸才好。既然無法說出口，不妨抱持誠實的態度，為她犧牲奉獻、在背後支持她，如此一來，7型女性便會成為讓你驕傲的女朋友。但是你要覺悟，必須接受她的奢侈志向，而且約會時絕不能吝嗇……。

●與8型女性的速配度……(80分)

如果要接近努力的她，對她在工作或學習上的積極態度，必須給與好評，不斷送出「妳真努力呀！需要我幫忙嗎？」的訊息。

8型女性較男性化，而2型男性較女性化，但是二人的基本價值觀類似，以朋友的感覺開始交往為宜。她具有寬廣的視野、心胸開闊，對你而言是很好的刺激。

●與9型女性的速配度……(90分)

踏實的你與美麗的9型女性看似不合，但是性格差距卻使二人產生很好的速配性。才色兼備的她給與溫馴的你正面刺激，而你的安定感對性格激烈的她，也能產生穩定作用。乍看好像是她領導，但最後的主導權掌握在你的手上，你應該以寬大的胸懷守護著她。

如果妳是2型女性

●與1型男性的速配度……（50分）

妳認為1型男性是能傾聽自己說話的溫柔者，另一方面，他也對正直踏實的妳抱持好感。如果妳主動告白，二人成為戀人交往下去的可能性很大。交往之後要努力不去破壞他的浪漫感覺，絕不能嘮叨的談論太實際的話題、或是發牢騷。

●與2型男性的速配度……（60分）

正直、不會裝腔作勢的二人，若是在學校或公司等身邊的場所相遇，會慢慢的情投意合而自然開始交往。

交往之後會成為親密度極高的伴侶，可能偶有爭執、或約會一成不變，但絕不能強烈主張自己的意見，不可以擺出一副臭臉，要面露笑容，以開朗的聲音回答對方，不可保持沈默，因為開朗快樂的氣氛可以解開他的心結。

●與3型男性的速配度……(40分)

很會說話、具幽默感的他，不會矯揉做作，和其他女性也能輕鬆交談。妳可能會不安的認為即使主動接近他也沒有用……，但是此時，妳應該儘量稱讚他的優點。

神經纖細、具有潔癖的他，尋求能夠使自己溫暖、瞭解自己的人。如果能認定其優點，就能建立良好的關係。

●與4型男性的速配度……(50分)

4型男性的溫柔會說話，如果他吸引了妳的目光，妳就必須積極的表現自己。可以儘量照顧他，彌補他較為懦弱的印象，他就會把心放在妳身上。

開始交往之後，如果對優柔寡斷的他感到不安，而想要自己展現行動，也不能把他綁得太緊，否則，他可能會跑到其他女性的身邊。

●與5型男性的速配度……（60分）

努力剛健的5型男性，能夠讓妳產生共鳴，可以在朋友居間介紹下，邀他去看電影或運動，製造聊天的機會，就會發現雙方的共通點，而成為親密愛人。他很會稱讚別人，因而能點燃妳的愛戀，妳也必須發現他的優點，不斷的稱讚他。巧妙維持授受關係，是二人保持快樂交往的秘訣。

●與6型男性的速配度……（80分）

如果喜歡大男人的6型男性，聰明的作法是製造一個容易引誘他的環境。例如當他勞累的時候，對他說：「不要緊吧？」或扣子掉了為他縫好，若無其事表現妳女性柔美的一面，他就會主動提出約會邀請。

你們是屬於速配性極佳的伴侶，若想保持戀愛的新鮮感，絕不要說太多話，要扮演一個神秘女郎的角色。

●與7型男性的速配度……（70分）

若想尋求一個開朗快樂的男性，7型男性與妳的相合性極佳。面對能夠敏感掌握異性心理的他，即使妳不太會說話，他只要認真的看著妳，就可以知道妳的想法。

認識之後，為他做便當、照顧他的身體，將妳拿手的照顧家庭本領都使出來。依賴心強的他很喜歡妳的照顧，為答謝而提出約會邀請，二人之間的戀愛就能確立了。

●與8型男性的速配度……(80分)

注意細節、服務精神旺盛的8型男性，對2型女性而言的相合性很好。如果有事拜託他，他一定會全力以赴，因此，妳會對他產生好感。

交往上由妳領導較容易發展下去，交往之後，妳會發現他稍欠主體性，妳若能彌補這個缺點，就能成為關係很好的伴侶。

●與9型男性的速配度……(90分)

花花公子型的9型男性，對女性而言很有魅力。但是喜歡華麗的他邀請妳時，純樸的妳或許會感到不安，而有「我們不合吧？」的感覺，這時什麼都不要想，先接受他的邀請。雖然他有點大男人主義，但是會巧妙配合被動的妳，不同的性格反而是正面刺激，意外成為速配性極佳的對象。

如果你是3型男性

●與1型女性的速配度……(90分)

謹慎穩重的1型女性，與活潑、具旺盛好奇心的你完全相反，但是反而增加你們的速配性。利用細心積極的態度，就可以得到對方的首肯，不過感覺不順利時，要趕緊評估自己的步調，別忘記她喜歡的是循序漸進型。

●與2型女性的速配度……(70分)

在言行坦率的2型女性面前，不需掩飾自己，如果喜歡她，就率直傳達自己的心意，較容易搏得她的好感。一旦交往之後，想說什麼就說什麼的二人，吵架時可能會說出傷害對方的話，而破壞這段戀情。因此，儘量避免你最拿手的諷刺，多稱讚她的優點吧！

●與3型女性的速配度……（50分）

二人都有乾脆的性格、具有行動力，交往之後，無論談話或約會都很快樂充實。但是有時卻無法達到這種程度，因為3型男性較為焦躁，在尚未充分介紹自己之前，就想與對方交往或送對方禮物。所以，一定要先表現自己，等雙方建立較親近的關係後再告白。

●與4型女性的速配度……（80分）

若希望開朗、具社交性的4型女性成為自己的伴侶，一定要讓她認為「和這個人交往，一定很有趣」。發揮你最拿手的幽默、細心照顧人的優點，花點工夫使她快樂。開始交往之後，她的開朗能使你心情平靜，所以你很想為她做些事，但是不要光說不練，免得令她失望。

●與5型女性的速配度……(60分)

是具有安定感的女性、與凡事保持輕鬆態度男性之組合，雖然性格不同，但她的認真努力能打動有潔癖的你，因而開始交往。交往之後，你可能反而覺得她的穩重踏實不可愛，但這是錯誤的想法。如果你不忘保持誠意，她也會回應你的心意，而對你誠實。

●與6型女性的速配度……(40分)

充滿智慧、踏實的她，實在是無懈可擊，所以和她接近相當辛苦，若是無法找到有效的方法，就只好退一步來因應，徹底稱讚她的魅力。

她十分驕傲，你要尊重她的意志，而且展現充分認定她魅力的言行，相信她不會不高興。經常將主導權交給她，你只要陪伴身邊即可。

●與7型女性的速配度……(50分)

要和具有女性魅力，讓你面對許多競爭對手的7型女性約會時，稍微勉強、快速的邀請是上策。如果成功邀請她約會，相信你快樂的談話、溫柔體貼的心意，必定能打動她的芳心。但是在金錢方面，你很踏實而她喜歡奢侈，若你一直灌輸自己的價值觀給她，相信二人很難長久交往下去。

●與8型女性的速配度……(60分)

8型女性很有耐性，擁有令男性汗顏的強韌體力。即使你打算與她接近，但她會選擇在工作或運動上表現搶眼的你，而主動製造機會。

雙方交往時，通常由她領導，你反而更輕鬆。和具有包容力的她在一起，相信你們能愉快的交往。

●與9型女性的速配度……(70分)

智慧、美麗而且具有廣闊視野的9型女性，是你所嚮往的女性。若想獲得她的芳心，一定要製造機會，聊一些智慧話題、儘量稱讚她的優點，在她的領導下交往，你可以成為精神上值得依賴的戀人。雖然她是性格激烈的女性，只要無論何時都相信她，就能維持良好的關係。

如果妳是3型的女性

●與1型男性的速配度……(90分)

愼重溫馴的1型男性，與行動派、具自我主張的妳，看起來好像男女地位互換，感情激動的妳與冷靜的他，速配性極佳。由於他對異性非常羞怯，妳應該積極的行動，不要說：「你應該更像男人才對」，只要好好的領導他，二人一定能成為很棒的伴侶。

●與2型男性的速配度……(70分)

如果妳喜歡上踏實的2型男性，一定是對他認真、努力的態度產生好感。與他接觸時，不需要什麼小動作，相信喜歡開朗女性的他，必然能快樂的與妳交談。等到二人的親密度增加之後，就可以率直傳達自己的心意。

一旦交往之後，他的認真嚴肅可能會讓妳感覺無聊，但是不可焦躁，還是要誠實與他交往才對。

●與3型男性的速配度……(50分)

如果妳喜歡開朗活潑的他，首先二人要先認識，妳必須展現自己的開朗、迅速敏捷的行動力等優點，然後坦白對他說：「請和我交往吧！」他對妳一定會產生好感。

當他臉色不好、失去開朗、感覺憂鬱的時候，妳只要默默的鼓勵他，相信二人能好好的交往下去。

●與4型男性的速配度……(80分)

若想得到溫柔的4型男性作戀人，妳必須積極領導。他十分體貼，一旦交往就會非常重視女性，但相反的也比較優柔寡斷、容易擔心。

如果妳不希望他被其他女性搶走，最重要的是快速接觸。就算妳覺得他有點懦弱，也要以寬廣的胸襟原諒他，如此，二人才能持續交往下去。

●與5型男性的速配度……(60分)

溫馴卻能讓人感到自信力量的男性，是妳非常在意的類型。當妳對他感到關心而接近時，聰明的他立刻能察覺妳的心意，二人能順利交往下去。

成為戀人之後，他會為妳犧牲奉獻，但另一方面，一味的付出也會令他心生不滿，所以妳要仔細想想能為他做些什麼。

●與6型男性的速配度……(50分)

6型男性是屬於較傳統的大男人主義者，所以妳不能自己主動接觸，應該製造一個引誘他主動接觸妳的氣氛，比較有效果。他一旦提出交往的要求，妳就要順從他的領導。二人都具有智慧與旺盛的好奇心，是很好的談話對象，但議論過於白熱化容易引起爭執，必須注意這一點，至少在形式上必須退讓一步，二人才能順利的交往。

●與7型男性的速配度……(40分)

如果妳認為開朗活潑的7型男性吸引你，只要妳有這種心情，敏感的他就會對妳感興趣，而向妳走近。二人約會之後，妳一定會沈醉於快樂的談話、與他對待女性的方式。即使妳在意他有時太散漫，可是不會生氣，反而會好好照顧他。雖然任何事都配合他的步調進行，不過你不會在意這一點。

●與8型男性的速配度……(60分)

對女性溫柔、具旺盛服務精神的男性，對妳而言是極具魅力的對象。他在重要的時刻，可能無法清楚表態、缺乏主體性，但這些都是妳可彌補的缺點。交往是以女性領導的方式進行，妳和他都能接受這一點。可是要注意，若是對他太囉唆，他就會對妳封閉心靈，不願意把秘密告訴你。

●與9型男性的速配度……(70分)

妳容易注意到周遭的事物，而9型的他則具有全球性的視野，經常看著遠處、考慮大事的他，讓人感受到一種截然不同的魅力。妳必須向他展露自己的優點，順從對任何事都按照自己步調前進的他。9型男性的內在性格比外在更激烈，二人爭吵時，妳必須主動讓步，才能順利交往下去。

如果你是4型男性

●與1型女性的速配度……(90分)

1型女性與你都是很懂得以感覺傳達心意的人，所以如果喜歡她，可以透過熱情的眼神或溫柔的態度，使雙方心意互通。

二人交往之後，是能享受戀愛甜美氣氛的伴侶。雖然是由身為男性的你領導，但有讓對方下結論的傾向，你應該自信陳述自己的意見。

●與2型女性的速配度……(60分)

如果你感受到2型女性勤快率直的魅力而喜歡她，請表現你的溫柔開朗吧！她一定會注意到你。開始交往之後，為你犧牲奉獻的她，會讓你感覺非常可愛。但是你從她那兒得到太多，在精神面領導她之餘，約會時必須多花點工夫讓她快樂才行。

●與3型女性的速配度……(80分)

對於你的約會邀請，如果3型女性回答「YES」，代表事實上她以前就曾注意你。3型女性對自己不感興趣的男性，即使對方主動接觸，也不為所動。知性的她話題豐富，是在精神面感覺充實的伴侶。二人會形成由她領導的關係，但是你也能巧妙的配合。

●與4型女性的速配度……(70分)

與同屬4型的女性心意較能互通，很難踏出戀愛第一步的你，若能為她多花點心思，相信她必定能夠察覺。二人會成為悠閒、感覺很清新的伴侶，但是若沒有分寸，很容易成為合謀勾結的關係，這點必須注意。

●與5型女性的速配度……(50分)

踏實樸素的5型女性，具有你所沒有的優點，你深受她認真、強烈責任感吸引，而向她坦白好感，她對開朗的你也會抱持好感。

但是你馬虎的言行，可能會突然令她感覺厭煩。可以在各方面彌補你缺點的她，是十分珍貴的人，你一定要多加珍惜。

●與6型女性的速配度……(40分)

充滿力量的6型女性，對你而言，是具有魅力的女性之一。只要表現你的溫柔體貼，由她來領導，二人就能持續交往下去。但是交往之後，你可能會感受她無比的堅強，而覺得好像被牽著鼻子走一般，唯有巧妙的配合她，才是維持二人關係圓滿的秘訣。

其實在背後支持她，也是男人包容力的表現。

●與7型女性的速配度……(50分)

你對美的感覺敏銳，深受同樣具備美感及美麗外表的7型女性吸引。你會很想帶著她出門，但是與喜歡奢侈的她交往，你必須覺悟到要花很多錢。

4型男性也許會為快樂而不惜花費金錢，可是她比你更厲害。雖然被甩是一件傷心的事，但你若覺得無妨，仍然願意與她交往，就與她交往吧！

●與8型女性的速配度……(60分)

4型的你是屬於「情」的人，而8型的她是屬於「意志」的人。和你個性不同、非常踏實的她，不可能輕易改變自己的意志，所以大多是你配合她，但是她的乾脆正直，反而會令你產生好感。雖然二人看來不像戀人，不過只要尊重她的意見，她也會重視你。

●與9型女性的速配度……(70分)

才貌兼備的9型女性，或許會令人心跳加快，但是交往後卻發現，她並非能讓男人隨心所欲的女性。尺度極大、具有強烈自我意識的她，是會支配、領導男性的女性。

你若願意巧妙配合她，二人可以成為速配度極佳的伴侶，所以最好在一些小事上跟隨她吧！

如果妳是4型女性

●與1型男性的速配度……(90分)

開朗、行動派的妳與認真、溫馴的1型男性，表面上性格不同，但是二人都很溫柔體貼，一旦交往之後，就能產生共鳴，是非常登對的伴侶。通常由女性領導交往，而妳可能會產生「他應該更堅強一點」的不滿感，不過在碰到事情的時候，他一定會好好的保護妳，請妳安心吧！

●與2型男性的速配度……(60分)

性格大而化之的4型女性，與勤勉、注意細節的2型男性，是十分適合的一對。如果妳喜歡默默照顧人的他，就要巧妙傳達「謝謝」的心意，相信他也會喜歡擅長稱讚人的4型女性。妳可能會不滿意他的無聊、無趣，但是與誠實、專情相比，何者較為重要呢？

●與3型男性的速配度……(80分)

妳如果喜歡快樂、懂得製造熱鬧氣氛的3型男性，就要表現女性柔美的一面。也許他會故意嘲笑妳、或說一些諷刺的話，但這是他獨特的愛情表現，妳毋須在意、一笑置之即可。開始交往之後，他略微神經質的心，會因為妳的開朗而得到放鬆，二人必定能順利的交往。

●與4型男性的速配度……(60分)

如果想與坦率但有點懦弱的他交往，妳最好主動接近。雙方都會表現溫柔體貼，也許互相交談就會開始交往了。妳和溫柔的他可以輕鬆交往，但是約會絕不可遲到。心跳加速的緊張感，能夠使二人的戀情長久持續下去。

●與5型男性的速配度……(50分)

妳開朗與優閒的心，會深深吸引5型男性，一旦對妳有好感，他會為妳犧牲奉獻。可是妳若只是一味享受，沒有任何回饋，他就會感到不滿。

所以，要想想妳能為他做些什麼，而且要付諸行動，這樣他會很高興，而儘量地幫助你。

●與6型男性的速配度……(40分)

如果妳喜歡大男人類型，就得配合他的步調。以女性的溫柔包圍住他，他就會靠近妳。開始交往之後，妳會因他的倔強以及想要獨佔妳的態度而產生反感，如果想要拿回主導權，可能會發生爭執……不要反駁他的論調，巧妙閃避即可。

●與7型男性的速配度……(50分)

4型女性開朗，7型男性懂得討女性歡心，這種組合只要製造約會機會，話題將非常豐富，表現極佳，可度過快樂時光。但對妳而言，有魅力的他，對其他女性也有魅力，這點可別忘了。若不好好守著他，可能根本不知道他在什麼地方做什麼壞事！

●與8型男性的速配度……(70分)

8型男性服務精神旺盛，對喜歡的女性會犧牲奉獻，每次和他見面時，若能讓他感覺到「希望你能好好重視我」，那他一定會對妳以心相許。但當雙方關係穩定之後，答應了他的事也許會忘了做，這會讓他很不高興。妳必須努力地跟隨他，這樣兩人的關係才能發展下去。

●與9型男性的速配度……(70分)

具有魅力的9型男性，是值得女性依賴的男性。個性溫和、非常懂得與人交往的妳，和略微倔強的他，應能巧妙相處。

平常就會發揮武士精神的他，有時會展現激烈的性格，讓妳嚇得直冒冷汗。覺得不易相處時，可以暫時離開他的身邊。

如果你是5型男性

●與1型女性的速配度……(50分)

非常溫馴，具女人味的1型女性的確讓人感到有魅力。主動接觸她時，如果沒有回應，可能會讓你覺得束手無策。希望對方言行有明確表現的5型男性，會不知如何面對1型女性，但1型女性很懂得藉著感覺來傳達自己的心意，所以必須努力注意她的視線和態度，而且要尊重她堅強的意志。

●與2型女性的速配度……(80分)

你和2型女性都是認真踏實型的人，在電影、音樂、運動上若有共通話題，就能建立親密氣氛。但雙方都很樸素，缺乏玩心，交往時容易陷入一成不變的狀態。感覺稍嫌不足時，最好計畫一些能再發現雙方魅力的約會。一旦發現新的興趣，就能發展下去。

●與3型女性的速配度……(50分)

對喜歡刺激之女性的你而言，給人清爽印象的3型女性，的確是具有魅力的存在，一旦接觸她之後，就可以快速接近她。交往是由她主導，你必須犧牲奉獻，保持這種均衡的態勢是最好的。對於感受性極強、容易緊張的她，你必須忍耐。重點是避重就輕，不要使她覺得焦躁。

●與4型女性的速配度……(40分)

和具優閑、開朗魅力的她在一起時，你會感覺到整個心情放鬆了。如果你想引起社交家的她的關心，就要認真踏實。此外，由於她對別人太好，容易蒙受損失，這一點你要儘量保護她。開始交往之後，非常懂得撒嬌的她，會令你不斷地為她付出，但為了兩人著想，只要做到不會不滿的程度即可。

●與5型女性的速配度……(40分)

在學校或公司認識，若無其事地開始交往時，你會逐漸了解她的優點，受到她的吸引。暗地裡非常努力的她，讓你產生共鳴，認為這位女性值得信賴。開始交往之後，雖然她不具異性的性感魅力，但你會覺得她就像親友一樣，有一種安定感。

●與6型女性的速配度……(70分)

對踏實的6型女性，以輕鬆的語氣說話是不管用的。面對具智慧、自尊心很強的她，你一定要表現出尊重她的態度，你一定要讓她覺得你能和她快樂談話的印象。開始交往後，將由她的引導，但唯唯諾諾的順從，並不能使兩人的關係順利發展，一定要清楚說明自己的意見，但也要傾聽她的意見的柔軟性。

●與7型女性的速配度……(70分)

華麗的7型女性，當然會引起你的戀愛之心。如果希望她注意你，就要表達自己的心意，想要打動她的心，必須要有熱情和包容力。面對欠缺現實感覺的她，你只要努力、犧牲、奉獻，她一定會承認你的優點。你和她的價值觀不同，在她執著的範圍，絕對不要囉哩囉嗦的。

●與8型女性的速配度……（80分）

8型女性率直、具實行力、胸襟寬大，比異性更具魅力。兩人都是實際派，重視實際行動，可以透過一致行動和作業產生共鳴。交往時，好像大姊頭的她是值得依賴的戀人。

雖然交往是由你主導，但最好傾聽她的意見。

●與9型女性的速配度……（90分）

如玫瑰般美麗且充滿智慧的女性，性格激烈，非常驕傲，就像帶刺的玫瑰，這些你都知道，但仍希望有這樣的戀人。

一旦有了接觸，你可以彌補她在小事或事前作業較不拿手的缺點，要不斷表現出你對她是絕對有好處的對象。只要讓她肯定你的價值，就能擁有非常刺激的伴侶。

如果妳是5型女性

●與1型男性的速配度……(60分)

溫柔、體貼的1型男性，讓妳感受到與自己截然不同的魅力，但光是等待，他是不會主動與妳交往的。1型男性非常害羞，如果妳想與他有戀愛關係，必須主動。妳可以偷偷在他背後協助他，或幫助他工作，表現出妳的優點，有機會就和他說話。

●與2型男性的速配度……(80分)

這個組合，是穩重女性的周圍，有仔細周到的男性表現出勤快的行動。兩人都是很踏實的人，但妳較笨拙，欠缺女性的柔美。2型男性對妳的坦率正直，會給予很好的評價，會重視妳。若能為了他，稍微磨練一下自己的魅力，兩人的戀情將更為堅定。

●與3型男性的速配度……（40分）

踏實型的妳和漫不經心的3型男性，基本步調不同，但可活用這種差距，形成不錯的伴侶。在很會說話的他的帶領下，妳可以很輕鬆地和他聊天，或是努力當個好聽眾。

他對於妳的執著、堅強會予以好評，因而主動與妳交往。

●與4型男性的速配度……（50分）

在戀愛方面較消極的5型女性，會深受爽朗的4型男性所吸引。若希望兩人的戀情開花結果，首先必須提升自己的外觀、感覺。想要吸引注重美感的他的眼光，必須付出很大的努力。

雙方開始交往後，他對於妳的魅力會給予很好的評價。他很受女性歡迎，妳和他交往後，不要忘了對別人宣布妳們是戀人。

●與5型男性的速配度……(50分)

認真、執著、誠實的5型男性，會和妳產生共鳴。兩人有很多共通點，彼此易了解，會成為穩定的伴侶。但神經纖細的5型男性，會讓人覺得不像個大男人，因此會成為由妳主導的組合。

如果要製造氣氛，有時候妳要表現出女性的柔美。

●與6型男性的速配度……(80分)

「男人要像男人，女人要像女人」，這是6型男性的想法，他會要求對象配合他的步調。5型女性雖不是特別有女人味的女性，但踏實、謙恭，也會得到6型男性的喜愛。多花一點時間，持續表現妳的優點，等待他的邀請。他非常害羞，不懂得表現愛情，這點妳一定要了解。

●與7型男性的速配度……(70分)

如果妳喜歡活潑開朗、吸引眾人目光的7型男性，就不要僅止於遠觀，要儘量製造機會。他對於踏實的女性會產生好感，因而要表現出妳的優點，很有自信地與他接觸。開始交往之後，妳當然想獨佔很受女性歡迎的他，但這樣會造成反效果，有時必須以寬大的胸襟和他交往。

●與8型男性的速配度……(70分)

如果你深受樸素、溫柔的8型男性所吸引，那麼可將妳踏實的優點表現出來。基本上他是現實型，所以兩人間會有親近感，很自然地就會建立良好的關係。交往之後，面對稍微欠缺主體性的他，必須由妳來引導，但妳不可囉嗦，要以寬大的胸襟對待他，兩人關係才能繼續發展。

●與9型男性的速配度……(90分)

他是理想主義者，喜歡華麗事物，妳則是現實派，非常樸素。你們看起來幾乎沒有共通點，但不要失望，有偉大理想的他容易忘記基層工作，而踏實的妳可彌補他這個缺點，他會認為妳是難能可貴的人。妳要持續表現自己的踏實，持續讚賞他的魅力，這是兩人和睦相處的秘訣。

如果你是6型男性

●與1型女性的速配度……(90分)

謹慎、溫柔、具女性美的1型女性，對你而言，是理想的女性。她較被動，你可以積極地接觸，一定能夠奏效。你要表現出值得依賴的一面，交往時由你主導，但是有時會發生反效果。雖然她了解你的認真之處，但你絕不可一味地表現大男人主義。

●與2型女性的速配度……(80分)

對你而言，正直的2型女性是極佳的對象，她的坦率與纖細的表現都極富魅力，如果你直接示好，她也能接納你的心意。交往之後，有時你會覺得她太囉嗦，可是必須發揮包容力，才能保持良好的關係。

●與3型女性的速配度……(50分)

3型女性若對你感興趣，會主動接近你，這點對你而言是一大幫助。開始交往之後，若太過拘謹沈默，反而是造成困擾。她具豐富的知性和思想力，她乾脆的性格也會搏得你的好感，但兩人可能會經常發生口角之爭，要建立良好關係，你必須以開闊的胸襟接納她的主張。

●與4型女性的速配度……(60分)

非常性感的4型女性能吸引眾人目光，要掌握她的心，必須展現你的博學多聞，製造話題。當雙方親密度增加，開始告白時，會由你來引導交往。但你很喜歡講道理，而她是感覺派，可能不是很好的談話對象，約會時要盡量選擇配合她的快樂話題，雙方關係就能順利發展下去。

●與5型女性的速配度……(60分)

5型女性雖然非常努力，但在和異性交往上卻非常消極，直接向她提出約會的要求，是最好的方法。要表現你的知性以及像大男人的一面。當你給她知性的刺激時，她的心會立刻傾向你。

交往之後，你對她太過講求現實、始終如一的談話態度可能會厭倦，但不要太挑剔，對她的誠實、踏實，你應該也會有很好的評價。

●與6型女性的速配度……(50分)

與你興趣、志向相近的6型女性，是能默默傳達共鳴感的對象，雖然你對戀愛不拿手，但也會自然地和她親近。但開始交往後，到底由誰擔任主導者，會引起糾紛，雙方互不相讓的話，易引起爭執，因此，不要只是一再地強調自己的意見，要以寬大的胸懷傾聽對方的意見。

●與7型女性的速配度……(80分)

7型女性充滿女性魅力，心中希望有個能肯定自己魅力的異性，以智慧話語稱讚她的美，她就會注意到你。她具有女人味，你具有男人味，這是速配度十分佳的組合。交往之後，你可能會在意她注重派頭、喜好奢侈的行為，但如果你太囉嗦，對她加以批判，她可能會逃之夭夭，所以要多加注意。

●與8型女性的速配度……(70分)

8型女性在戀愛方面較笨拙，你一定要積極接觸，只要秉持熱情接近她，她就會接受你的心意。交往之後，和能訴說自己的真心話、個性率直的她在一起，會讓你感到很放鬆。

此外，8型女性具包容力和寬大的胸襟，當男性堅持時，她能夠柔軟地配合，是很好的對象。

●與9型女性的速配度……(40分)

9型女性深具智慧，多才多藝，而且十分美麗，所有的男性當然都希望有這樣的戀人，但是她不會輕易接受男性的邀請，而且不喜歡跟在男性身後，喜歡自己成為領導者。

兩人因知性而建立關係，成為好的談話對象。不過，要是你沒有在她背後支持她的覺悟，最好放棄這段感情。

如果妳是6型女性

●與1型男性的速配度……(90分)

1型的他很喜歡妳這種具有智慧、踏實的女性，可是他很害羞，不會主動接觸妳，如果妳喜歡他，一定要積極接觸他，但不要立刻告白，可以和他聊聊天，一起行動，這樣比較有效。交往之後，兩人的共鳴感會增加，但不要忘記好好處理他那拘謹的態度。

●與2型男性的速配度……(80分)

妳會注意到給人樸素印象的2型男性，是因為妳對他的認真踏實有極高的評價。如果想向他傳達好感，可以直接將自己的心意直接傳達給他了解，如果他肯定妳的優點，他的心就會傾向妳。心胸寬大的妳將主導整個交往過程，必須花點工夫，製造美好的戀愛氣氛。

●與3型男性的速配度……(50分)

3型男性話題豐富、感覺獨特，如果妳想和他建立親密關係，最好的方法就是很快樂地聽他談話。只要巧妙地在旁隨聲附和，表示妳與他的共鳴，他的心就會傾向妳。

交往之後，對愛情非常細膩的他會十分照顧妳，讓妳有種被愛的喜悅感。但有時他也會說些諷刺的話語刺激妳，對他的失言，妳最好一笑置之。

●與4型男性的速配度……(60分)

看起來有智慧、給人踏實印象的妳，4型男性可能不會主動對妳打招呼，但對妳而言，坦率的4型男性，反而是容易接近的男性。

妳必須主動解除束縛，與他取得溝通，他一定會深受妳的吸引。交往是在妳的主導下進行的，但與其要他跟從，不如以較大的包容力包容他較好。

●與5型男性的速配度……（60分）

喜歡智慧女性的5型男性，很可能注意到了妳的存在，他很懂得掌握他人的心意，如果妳對他抱持好感，在接近他時就能直接交往下去。

他了解妳堅強的意志與高傲的自尊，而且會採取配合的態度，但妳不能夠只接受不付出，有時要想想該為他做些什麼，感情才能發展下去。

●與6型男性的速配度……（50分）

如果妳深受視野寬廣、非常男性化的6型男性的吸引，那麼就要發現一些共通的興趣，才能增加親密度。他是價值觀相近的對象，一起行動自然就能傳達心意。交往之後，有時他的大男人主義或是堅持自己的步調，會令妳非常生氣。雙方發生爭執時，妳一定要把握時機，先展露笑容，退讓一步，才能使兩人的關係順利發展下去。

●與7型男性的速配度……（70分）

７型男性對女性的心情非常敏感，妳只要以熱情的視線追逐他，他就會對妳感興趣。但是好不容易他走了過來，妳可別表現出高傲的態度，對他敬而遠之，儘量坦白才是兩人走向戀愛的捷徑。雖然他會安排很棒的約會，但遇到問題時，卻不是可以依賴的人，因此最好由妳來主導交往。

●與8型男性的速配度……(80分)

具有母性本能魅力的８型男性，對於值得依賴的女性非常喜歡。實力派的妳可以照顧他，他一定會注意到妳。交往之後，他會坦率表達自己的感情，但有時他會只說好聽的話，或是欺騙妳……妳對他的缺點若能大而化之，視若無睹，兩人就能成為非常好的伴侶。

●與9型男性的速配度……(40分)

雙方都具有旺盛的求知慾，可以討論工作或社會的問題，藉此注意到對方的存在。雖然可能成為很好的競爭對手，但也許無法提高戀愛的氣氛。

個性激烈的９型男性，在戀愛方面必須由自己掌握主導權，妳必須退一步，採取配合他的姿態，這樣才能繼續交往下去。

如果你是7型男性

●與1型女性的速配度……(90分)

7型男性與1型女性只要交換熱情的視線，就能察覺對方心意，雙方互相靠近對方，可成為美好的一對。屬於行動派的你，會主導交往，1型女性則跟隨你，即使你的表現不佳，她也不會出聲責備你。有事時，兩人都非常堅強。如果不想被他甩掉，最好不要任性而為。

●與2型女性的速配度……(80分)

對於喜歡開朗快樂男性的2型女性而言，具明星性格的你是非常適合的，光是邀她「我們一起去玩吧」，可能立刻就會開始一段非常美好的戀情。

交往之後，具家庭性格的她會非常照顧你。有時她的謹慎或庶民派的作風，會讓你覺得太小家子氣，但是踏實的她一定會為你著想。

●與3型女性的速配度……(50分)

3型女性雖不懂得打扮，但頭腦靈活，讓人感覺到獨特的魅力。和她接觸，不要用甜言蜜語，要使用知性的話題。交往之後，不論在感覺或步調上都非常搭配，因此，她也能度過一段快樂時光。她很討厭馬馬虎虎的人，所以看到你有缺失時，就會責備你，所以你要表現出誠懇的態度。

●與4型女性的速配度……(60分)

4型女性讓人感覺到女性的性感，和深受異性喜愛的7型男性的這個組合，雙方都能感受到對方的異性魅力，自然能聚在一起。這兩個人非常懂得交往，能使戀情快速加熱，但這種戀情也可能變成不滿的情緒。

雙方都不喜歡照顧別人，都不值得信賴，一旦把過錯歸咎於對方身上，可能就要分手了。

●與5型女性的速配度……(50分)

5型女性在背地裡努力的態度，會讓你覺得很新鮮，而她也喜歡與自己不同型的異性，你可以利用最拿手的談話術取悅她，這樣就能發展出一段戀情。她是非常值得依賴的戀人，而你只有在遇到困難時才找她，她當然會不滿，所以你別忘了要經常為她服務。

●與6型女性的速配度……(80分)

給人厲害印象的6型女性，讓你覺得無懈可擊，但絕不要抽身而退。你的開朗、使人快樂的談話技巧，一定能夠使她敞開心扉。

她一旦答應和你約會，你就成功了。在精神上將主導權交給她，約會遊玩則由你來主導。具有包容力的她，對你而言是難能可貴的戀人。

●與7型女性的速配度……(60分)

華麗的她和經常吸引女性眼光的你，兩人相遇後，當然會陷入戀愛中。

大多是一見鍾情，而且會陷入熱戀，但是易冷易熱也是7型人的戀愛特徵，一旦發生問題或麻煩，兩人一定要努力解決問題。

●與8型女性的速配度……(70分)

樂天派的你和意志堅強的8型女性的組合，看起來完全相反，但速配度極佳。意志稍嫌薄弱的你可藉她的堅強，稍微彌補你的缺點。具包容力的她能以寬大的胸襟接納你、引導你，你絕不要忘了尊重她的意志，這樣，兩人就能成為關係穩定的伴侶。

●與9型女性的速配度……(40分)

9型女性才色兼備且踏實，對你而言，就好像大姊姊，是你仰慕的女性。抱持著可能被拒絕的覺悟之心，提出幾次的約會邀請，她總會答應你的。她比你更加追求高尚與一流的事物，所以不僅是禮物和約會場所，甚至連談話內容也要高尚。絕不可半途而廢，只要你好好跟從她的領導，她會成為非常懂得照顧你的戀人。

如果妳是7型女性

●與1型男性的速配度……(80分)

開朗華麗的妳，可能是1型男性最嚮往的對象，只要妳對他傳送戀愛的訊息，他就能敏感地掌握住。

但1型男性不會展現行動，因此，妳要主動提出約會的邀請。一旦交往之後，認真溫柔的他會非常重視妳，但是妳只接受不付出，他會很不滿。

●與2型男性的速配度……(80分)

認真努力的2型男性和如花一般艷麗的妳，外表上看起來好像不搭調，但兩人速配度極佳。踏實的2型男性是值得信賴的人，而且他會為你默默犧牲奉獻。只要靠近他，兩人就能安心交往，但是妳對在戀愛方面表現笨拙的他，可能會覺得不滿足。

●與3型男性的速配度……(60分)

和話題豐富、開朗的3型男性在一起時，不會覺得無聊，如果妳願意，他會立刻對妳提出約會邀請。3型男性非常懂得照顧人、十分溫柔，和他約會的確是非常快樂。

喜歡奢侈的妳如果每次都要求華麗的約會，恐怕他的心和錢包都會無法呼吸了……不要只是注重華麗，有時也要注意精神的滿足感。

●與4型男性的速配度……(40分)

對於執著於女性外觀的4型男性而言，華麗的妳是理想的女性。他很懂得討女性歡心，如果妳對他有好感，戀愛很自然地就會開始。

但是兩人都是受異性歡迎的人，交往之後一旦有其他異性主動接近，不論是妳或他，都會自動轉移目標，關係就變得不穩定，所以一定要重視這段戀情，不要見異思遷。

●與5型男性的速配度……(50分)

以為是自己主動邀請他，但其實是他設下的陷阱。他喜歡像妳這種華麗的女性，為了妳，任何事情都非常積極，妳愈依賴他，他就愈高興，就像僕人一樣，對妳非常忠實。但是，如果妳注意到其他男性，這對他就像是背叛行為，他絕不會原諒妳，所以妳一定要注意。

●與6型男性的速配度……(90分)

具男人魅力的6型男性在戀愛方面較為笨拙，如果妳喜歡他，可以主動提出邀約，製造一些關鍵時刻，接著只要配合他的領導就可以了。

交往之後，對凡事執著於自己原則的他，妳可能會認為「要是能再輕鬆一點就好了」，但言行有分寸是他的優點，如果妳能接受這點，就能和他成為很好的伴侶。

●與7型男性的速配度……(50分)

對於希望有驚心動魄的戀愛的妳而言，7型男性是最好的對象。兩人相遇，開始交往之後，會有一段戲劇性的華麗戀愛演出，口角爭執也是小插曲之一，但要注意可能因為一些小問題而分手。

●與8型男性的速配度……(70分)

8型男性懂得照顧人，具有旺盛服務精神，和他約會時，他一定會好好照顧妳，儘量努力表現到讓妳快樂。雖然妳喜歡他的犧牲奉獻，但是做事漫不經心的他，可能會突然忘了和妳的約定，或是做出一些讓妳很不高興的言行，可是他並沒有惡意。

雖然妳不是真的生氣，但他還是惹得妳不得不罵他一頓。

●與9型男性的速配度……(40分)

得到女性信賴，成為領導者的9型男性，的確會令妳感到驚心動魄，對他而言，帶著華麗的妳一起出門，也是他最想做的事情，如此一來，會誕生令大家都矚目的一對戀人。交往之後，有時會被性格偏激的他要弄。在戀愛和人生上都很有自信的他，有時會有抓狂的行為，妳得提醒他剎車。

如果你是8型男性

●與1型女性的速配度……(60分)

1型女性態度溫和但非常堅強，這點深深吸引著你。只要發揮你的服務精神，用不著痕跡的體貼就能打動她的芳心。最好是你主動告白，但交往之後，她會掌握主導權。兩人速配度不錯，但若不遵守約定，可能會失去她的信賴。

●與2型女性的速配度……(90分)

在你消沈時，會鼓勵照顧你的就是2型女性。如果你喜歡她的溫柔，直接告白是最好的方法，她一定會坦率告知她的想法。

如果她的回答是YES，兩人都具有的庶民感，可使這段戀情順利發展。如果你覺得她太具生活感，可以在約會上下點工夫。

●與3型女性的速配度……(40分)

3型女性好惡分明，如果你想接近她，絕對不能猶豫，快速展現自信才是順利發展的秘訣。和她的交往會暗藏波濤，因為她對任何事都條理分明，如果你突然忘記約定，她會非常生氣。

她原本就喜歡男性能夠發揮爆炸力，所以你對她也不必太計較。

●與4型女性的速配度……(50分)

你不需多說話，她就能掌握你的想法，兩人戀情能順利發展。她的性格開朗，能享受戀愛之樂，進行穩定的交往。

兩人都很被動，沒有人主導整個戀愛，因而交往之後，會感覺到愛情力量降低。她喜歡能讓她撒嬌的男性，你必須積極領導她。

●與5型女性的速配度……(50分)

你對於努力的5型女性，會產生類似友情的共鳴，你純樸、實際的想法與她的志向相吻合，所以自然而然就能建立親密關係。比較頑固的她會因你的認真、溫柔得到放鬆。你遇到困難時，她是最值得依賴的女性，可是如果你表現出不在乎的態度，她會嚴厲地責備你，所以要多注意。

●與6型女性的速配度……(70分)

如果你對知性的6型女性感興趣，可能也無法和她成為戀人，但是你的開朗與溫柔能搏得她的好感，害羞的她也許不會立刻表態，你不能膽怯，要主動與她接觸。開始交往之後，懂得照顧人的她，是值得依賴的戀人，只要你不背叛她的信賴，遵守約定就夠了。

●與7型女性的速配度……(70分)

開朗、懂得打扮的她的確十分震撼男性。她很受男性喜愛，你必須多照顧她，稱讚她的魅力，則她也會對你感興趣。只要心意互通，很快就會成為愛人同志。雖然會陷入熱戀，但她很想依賴你，你能努力到何種地步，是兩人交往是否順利的關鍵。

●與8型女性的速配度……(60分)

如果有說話的機會，你一定會喜歡上她的踏實、單純，會發現到她與你的共通點，進而產生共鳴，建立起親密的關係。

如果能遵從踏實的她的領導，就會成為很好的伴侶。但有時你會因為她太不性感而失望。不要太在意她的缺點，要肯定她的優點。

●與9型女性的速配度……(80分)

具備豐富知性的9型女性，的確是令人嚮往的女性。你以平常的態度逗她笑，儘量照顧她，她也會對你以心相許，你們的速配度極佳。她的個性激烈，如果你能以寬大的胸襟對待她，她也會對你竭盡忠誠。

如果妳是8型女性

●與1型男性的速配度……(60分)

1型男性較慎重，不懂得自己接觸女性，如果妳喜歡他，最好由妳來告白，但不要強制灌輸自己的意見，「我覺得是這樣，你覺得呢」，把決定權交給他比較好。有時候可能會對他的優柔寡斷心焦如焚，希望他趕快下結論，但要是逼迫他，他可能會關上心靈，所以妳要注意。

●與2型男性的速配度……(90分)

如果妳為踏實、具安全感的2型男性所吸引，不要展現華麗的作為，最好採取踏實的態度，仔細聆聽他的話語，比較有效。堅強的妳可以領導溫馴的他，成為均衡的組合。兩人都欠缺玩心，因此，無法提高戀愛的氣氛，可是只要靜靜培養愛情，就能長期交往下去。

●與3型男性的速配度……(50分)

漫不經心的3型男性和做事踏實的妳，看似個性完全不同，但正因不同才感受到對方的魅力。要掌握他的心，可用妳最拿手的說笑話技巧和他談話，讓他覺得和妳在一起非常有趣。

此外，就算他嘲笑妳，也是種愛情表現，妳可以一笑置之。只要妳有自信要與他交往，兩人的速配度就不錯。

●與4型男性的速配度……(40分)

4型男性帶給人親切感，不習慣接近男性的妳能夠放鬆心情，接近他。他喜歡妳爽快的性格，約會時可由溫柔的他來引導，這樣就能有一段不錯的戀情。

但他的溫柔也很容易用在其他女性身上，這是他的問題，而且當妳訴說不滿時，他就會生氣，所以要謹慎、巧妙地提醒他注意。

●與5型男性的速配度……(50分)

踏實、堅定的5型男性令妳產生共鳴，但也許妳還沒感受到他的魅力。他對樸實、毫不修飾的妳會有好感，可是也完全沒有戀愛的驚心動魄……兩人現實的價值觀一致，所以能心意互通，但必須努力提高戀愛的氣氛。可以在服裝上花點工夫，或是考慮轉換約會地點等等。

●與6型男性的速配度……(70分)

6型男性言行一致，是大男人型，值得依賴，所以很討喜，對妳而言，速配度極佳。在戀愛方面，他較笨拙，不懂得說奉承話，不懂得討女性歡心，所以妳一定要了解他的想法，肯定他的人性，遵從他的領導，這樣就能成為具安定感的一對。精神面的接觸非常重要，可加深共鳴。

●與7型男性的速配度……(70分)

具有美感、很會說話的7型男性，深受女性喜愛。他會尋求與自己類似的堅定的女性，對妳而言，這點很有利，因為妳是踏實、努力的人，只要表現優點，等待他的邀請就夠了。約會時，要由很懂得玩的他來領導，重要的問題則由妳來發揮力量，這樣就能成為繫得很緊的一對。

●與8型男性的速配度……(60分)

兩個人都喜歡實際、單純的事物，具相同看法和價值觀，是非常類似的一對，只要互相接近，自然就會交往下去。8型男性略帶女性化，所以交往時最好由妳主導，但也不要忘記為他打扮，做出可愛的動作。

●與9型男性的速配度……(80分)

重視現實的妳和經常做夢的9型的他差距很大，可是能夠互補，速配度反而極佳。妳要遵從具有強烈意志的他的領導，任何事情都儘量鼓勵他，他可以帶妳到更寬廣的世界去。有時，他過度飛躍，忘了腳下的安全，妳要好好地為他奠定基礎，就能建立雙方滿意的良好關係。

如果你是9型男性

●與1型女性的速配度……(60分)

溫柔、具有女性美的1型女性的確很有魅力，想要得到她的心，絕對不能性急地做接觸，要很有耐性地增加親切感，不要隨便亂說話，要懂得處理她的心情。如果能重視她以感覺傳達的心意，則追求浪漫的兩個人就能擁有美好的戀情。

●與2型女性的速配度……(80分)

率直、不矯揉做作、被動的2型女性和你的速配度極佳。她會遵從你的領導，所以戀愛能夠順利進行下去。交往之後，她的照顧讓你非常高興，但是太過於不懂得掩飾自己，也許會讓你覺得缺乏浪漫，不過正直和謙恭是她的優點，你一定要明白，而且包容她的缺點。

●與3型女性的速配度……(80分)

對於希望在精神上得到支持的3型女性而言，度量大的你是很理想的男性。和具旺盛求知慾的她談話，製造機會，她會注意到你寬廣的視野與敏銳的觀點。每次溝通時，心意互通，就能發展成戀情。有時可能會在言語上和她產生衝突，但只要你保持冷靜，就沒問題了。

●與4型女性的速配度……(90分)

言行溫柔洗練的4型女性，能夠挑起你的戀愛之心。對她而言，你的智慧、冷靜會讓她驚心動魄，兩人相遇之後，自然就會發展成為戀情。她也懂得包容個性激動的你，所以兩人之間不太有爭執，可建立很好的關係。

●與5型女性的速配度……(60分)

踏實、堅忍的5型女性讓人覺得是種安靜的存在，也許你感覺不到她身為女性的柔美，但一旦注意到她的實力，就會為她所吸引。讓她感受到智慧的刺激，她就會喜歡你這種男性，你主動接近，就能使戀愛發展下去。

交往之後，什麼事情都喜歡搶先一步的你，會得到踏實的她所支持。活用兩人性格上的差距，可建立良好關係。

●與6型女性的速配度……(40分)

6型女性給人堅強的印象，也許你不會受到她的吸引，但一旦接觸之後，也許你就會開始關心有旺盛求知慾的她，如果心意互通，就能發展為戀情。但一旦意見不合，她就會開始爭論，是個任性而為的女性，而兩人都喜歡占上風，與其成為戀人，不如做朋友比較好。

●與7型女性的速配度……(50分)

具華麗魅力的7型女性是使人想和她約會的女性。帶著打扮時髦、美感極佳的她走在街上，會吸引眾人的眼光。

她是適合談一場戲劇性戀愛的對象，可是在精神層面卻無法跟隨你，你只能以愛美麗花朵的心情和她交往。

●與8型女性的速配度……(70分)

8型女性給人穩重的印象，也許你覺得很難追，但她喜歡你這種值得依賴的大男人的男性。如果你感受到意志堅強的她的魅力，就直接去接近吧！她雖然很堅強，但也能配合你的步調，所以和你的速配度極佳，你只要肯定她純樸的魅力就夠了。

●與9型女性的速配度……(50分)

喜歡能與自己配合的女性的你，如果要與個性堅強的9型女性談戀愛，可能有點困難。雖然兩人在興趣、志向上有很多共通點，是很好的談話對象，但交往時可能會展開激烈的主導權爭奪戰，是否能達成妥協，將是可否成就戀情的關鍵。

如果妳是9型女性

●與1型男性的速配度……(60分)

倔強的妳和1型溫遜男性這樣的組合，交換知性話題，可加深精神層面的共鳴感。

性格的差異會導致行動步調無法配合，這也是問題。個性激烈的妳有焦躁的傾向，他則是任何事都要慎重其事的慢步調型，如果能夠承認雙方的差距，尊重他的意見，由妳來主導，就能成為最佳伴侶。

●與2型男性的速配度……(70分)

踏實、努力的2型男性是值得信賴的異性，他一旦對妳有好感，連細節都會注意到，會為妳犧牲服務。

華麗的妳主動向他示好，就能成就戀情。但他不懂玩樂，必須由妳來主導約會。由具行動力的妳掌握主導權，兩人就能成為最佳伴侶。

●與3型男性的速配度……(80分)

3型男性喜歡輕鬆的女性，或是能包容自己的女性，妳是典型的後者，可以用話題吸引他的注意，若無其事地接觸他，尤其當他置身於困難狀況中時，妳的堅強正能激厲他，給他力量，加深兩人的繫絆。在妳的主導下，能成為發展順利的伴侶。

●與4型男性的速配度……(90分)

開朗的4型男性讓人覺得「如果和這個人交往，一定很快樂」，他對於具有華麗魅力的妳若有興趣，兩人就有可能迅速接近。

一旦交往，樂天、不拘小節的他能使妳的心情放鬆，但相反的，妳可能會在意他言行的散漫。如果妳支持他，問題就能減少。

●與5型男性的速配度……(60分)

知性派美女的妳是5型男性嚮往的女性。懂得照顧別人，又很照顧妳的他，很容易打動妳的芳心，如果妳接受他，他為了妳會不惜粉身碎骨，兩人會陷入熱戀。他是內在十分頑固的人，如果他真的不讓步，妳最好退一步，這才是和樂相處的秘訣。

●與6型男性的速配度……(40分)

擁有自己哲學的6型男性會讓妳產生共鳴，但是當朋友還好，要成為他的戀人可能有點困難。他認為男人就該像男人，女人就該像女人，所以他要的戀人是能跟從自己領導的人，如果妳未覺悟到要配合他的想法，多退一步的話，這段戀情將無法持續下去。

●與7型男性的速配度……(50分)

十分懂得如何掌握女人心的他，會給女性天旋地轉般的戀情。如果他對妳感興趣，他會在服裝和動作上下點工夫，儘量討好妳。他是個花花公子，不值得依賴，但如果他能配合妳的步調，將是容易交往的對象，妳只要抓緊轠繩，好好照顧他就夠了。

●與8型男性的速配度……(70分)

對喜歡美麗、踏實女性的8型男性而言，妳是理想的對象。他具有旺盛的服務精神，會逗妳發笑、稱讚妳，也許妳已經以心相許了。8型的他認為只要將主導權交給妳，就能安心了，所以是容易交往的對象。但他也是頑固的人，一旦發生問題，一定要採柔軟的態度應付。

●與9型男性的速配度……(50分)

有智慧、追求浪漫的9型男性是最適合和妳討論人生和藝術的對象，但一旦成為戀人，妳會在意他強烈的自我意識。任何事他一定要當主導者，有時會和妳產生摩擦，一定要有一個人成為跟隨者才行。除非雙方各讓一步，否則無法持續交往下去。

他／她是現實主義者？還是浪漫主義者？

談戀愛時，依對方是現實型還是夢想型的不同，約會的方式、接觸的方式也有所不同。你喜歡的他（她）是哪一型？

2、5、8型的人是重視實際的現實主義者。女性重視異性的內在，而非外表。面對這一型的女性，不可花言巧語，比較好的表達心意的方法，是送禮物。戀愛時，可事先想像情況，再去談戀愛。男性比女性更重視氣氛，5、8型男性談戀愛有追求浪漫的傾向。

1、4、7型的人則認為花比食物更能表達愛意，是浪漫主義者，非常重視心靈，所以難以抵擋異性的甜言蜜語。這一型的人不踏實，即使愛人就在身邊，仍會去注意其他異性，即使理想不同，仍可和對方交往。

3、6、9型的人重視精神面，也可算是浪漫主義者，擁有自己的美學和哲學，不會因為談戀愛而輕易妥協。想和這一型的人好好相處，就要尊重對方的理想和哲學，同時要表現出不執著於事物的態度。

第五章

結婚之後會成為怎樣的丈夫或妻子？

1型男性

穩重、住家男人

(大男人主義度……30分)

1型男人一旦結婚，會每天認真工作，時間一到就回家，是很好的住家男人。這是對他人警戒心極強的丈夫，認為家庭是保護自己的重要休憩場，會維持家裡的舒適，當然也會常和妻子聊天，和孩子融洽相處。

育兒方面，周圍的事物及親友之間的交往等等，都可以和他商量，對妻子而言，是一大幫助。

1型丈夫非常冷靜，具有常識，生活設計也很謹慎，不會讓妻子擔心他可能會經常調職，或是從事投機事業……但相反的，也不具領導妻子之雄壯威武的一面，對任何事也不敢拍胸脯保證：「交給我來做！」

大男人主義度不好也不壞，不算太高，如果對事物看法有所改變，也能尊重妻子的意見，是任何事都可以兩人一起處理的民主丈夫，討厭冒險或糾紛，重視家庭，能建立祥和的家庭。

1型女性　堅忍不拔、理想的妻子（老婆當家度……40分）

１型女性謙恭溫柔、堅忍不拔，具有堅忍的性格，如果和她結婚，能幫助丈夫巧妙地計畫家計，而且態度慎重，不會忘記儲蓄，是理想的妻子。她和周圍的人也合得來，具融合性，和公婆、親戚相處十分順利，絕不會起風波。

對子女時而稱讚，時而責罵，非常懂得運用教育子女的技巧。老婆當家度很低，的確是理想的「妻子」。

如果一定要挑１型妻子的毛病，那就是不懂得與周圍的人爭執，有時無法表現自己的意見或主張，是會依賴丈夫、懂得巧妙運用丈夫自尊的妻子。

但有的丈夫希望妻子能夠更坦白地和他說話，希望參考妻子的意見，所以有時候妻子對丈夫要清楚表態，即使發生爭執也無妨，夫妻有時的確需要說真心話。

2型男性

認真踏實勤勞的丈夫（大男人主義度……30分）

和踏實的2型男性結婚的話，他一定會認真努力工作，週末會為家庭服務，可說是模範丈夫。因為他會努力工作賺錢，所以在經濟上不會有什麼危機，但也不會將育兒工作都交給妻子，會善盡父親職責，是一般人公認的零缺點勤勞丈夫。

但偶而還是會聽到妻子抱怨……2型丈夫太過於認真，不懂得玩樂，此外也不懂得和他人建立良好關係，不擅說話。這種情形會對夫妻生活造成何種影響？他週末待在家裡會從事DIY，也喜歡用攝影機拍下孩子的成長過程，卻不喜歡和妻子到外面去，即使是結婚紀念日，也會以「工作太忙了」為藉口，忽略掉重要的日子，引起妻子的不滿。

2型丈夫大男人主義度較低，對於妻子比較體貼，但有時必須表現出來，在重要的日子，即使覺得肉麻，也要送妻子花或禮物，在婆媳問題上則一定要好好保護妻子，只要抱持這種態度，就能建立圓滿的家庭。

2型女性

努力保護家庭的妻子

（老婆當家度……45分）

讓人覺得只要把家交給她就能安心的，就是2型女性。一旦結婚，她會把自己擺在其次，為了丈夫和子女不斷努力。她原本就是樸實勤勞的人，因此，很適合從事主婦業。

她會配合收入，運用家計，不論烹飪、灑掃、洗衣，什麼工作都做，會忙得團團轉，所以丈夫和子女也會很滿意地守護著2型勤勞的妻子。

努力是很好的，但2型妻子有時會太過分，讓人有壓力感，例如非常節儉，甚至每天只做一道菜，不去玩也不去旅行，過於疼愛子女，造成過度保護的狀態，令丈夫和子女抱怨……。

也許妳會認為「我全都是為了這個家啊」，但是不要只照著自己的想法做，有時也要努力傾聽丈夫或子女的意見，這樣就能成為更令他們感謝的妻子。

3型男性

充滿靈活心思的爸爸（大男人主義度……60分）

如果和溫柔、會照顧人的3型男性結婚，他會為家庭服務，是有很多新點子的爸爸。他對家庭內的事物非常關心，喜歡做菜、打掃等，任何事物都願意嘗試，但做了這麼多事情，卻不喜歡收拾，最後還要別人幫他善後，所以妻子可能無法安心將家事交給他去做。

但3型丈夫願意主動幫忙，也算是難能可貴。

此外，對待妻子不忘表現出婚前的細膩，在生日或結婚紀念日時，丈夫會計畫讓兩人獨處的約會，或是準備很棒的禮物，使得妻子的心也變得熾熱起來。基本上，他會把育兒工作交給妻子，如果有事他也會和妻子商量，並不是太大男人主義，欠缺領導妻子的氣魄，具有旺盛的服務精神。和他在一起生活，會讓妳感到快樂。

妻子不要只是想依賴丈夫，努力和他一起建立家庭的話，具有爽快性格的3型丈夫，一定能成為最佳伴侶。

3型女性

能清楚陳述意見的有能力妻子

（老婆當家度……70分）

3型女性非常理性，是有能力的妻子。不論購物、洗衣、打掃等，她知道家庭內的事怎樣做才能有效率，能迅速處理完畢，結婚後不會成為丈夫的累贅。不論談家庭或是社會的事，都是丈夫很好的談話對象。

關於家計以及育兒工作，在必要時能展現理性思考，以平靜的態度處理，丈夫能安心把家庭經營的工作交給她。

但另一方面，丈夫對妻子還是有不滿之處。也就是說，3型妻子希望任何事都能有效處理，甚至連丈夫自己能做的事，她也想去做。丈夫當然能了解這點，但會覺得妻子欠缺女性的柔美，因而有點寂寞。

一般而言，3型妻子比較有以自己為中心的傾向，在愛情表現上也比較淡薄，若想和丈夫維持良好關係，有時必須說些甜言蜜語、撒撒嬌，讓丈夫照顧一下自己，只要不忘處理感情面的問題，隨時都是清新有魅力的妻子。

4型男性

優閒、按自己步調前進的丈夫（大男人主義度……35分）

穩重、溫柔的4型男性，不論生活方式或行動都很優閒，是按照自己步調行動的人，結婚之後這種傾向也不會改變，工作會適可而止，重視妻兒子女，希望過著平靜的生活就好了。

站在妻子的立場來看，他能疼愛子女，不忘對妻子服務，藉高明社交手腕搏得附近鄰居的好評……可說是無懈可擊的丈夫，但令人擔心的是，他也是對將來生活毫無計畫的丈夫。

4型男性是樂天溫和的人，換言之就是散漫的觀望主義者。雖說不執著於金錢和物質沒什麼不好，但是自己家裡所需的生活費以及子女的教育費等，似乎也都毫不在意，想到此處，妻子也會開始怨恨丈夫。此外，他太過不拘小節、討厭麻煩事物，遇到重要事件都由妻子決定，如果妻子具明確意志、希望展現行動，當然就能和4型丈夫巧妙搭配。最重要的是，了解丈夫有他自己的生活方式，同時也要以寬大的胸襟包容他的缺點。

4型女性

不可依賴，但具魅力的妻子（老婆當家度……30分）

開朗、不會裝腔作勢的4型女性，一旦結婚後，仍能保持她青春的魅力。她感情豐富、懂得社交，在家庭中能製造非常祥和的氣氛，與鄰居、親戚也能和睦相處。

在家庭經營上，是不可依賴的妻子。

例如，4型妻子具有美感，會執著於家具或是飾物，但是不喜歡打掃，也不喜歡麻煩的事情，在烹飪方面，也不會親手做一些媽媽的味道，只會把超市的配菜漂亮地擺在餐桌上。她不喜歡在家事上多花工夫，寧願多花一點錢，不懂得在家計上精打細算。

但是4型妻子非常溫柔，不會對丈夫囉嗦，是能令人輕鬆的妻子。她非常寵愛子女，以包容心養育子女。家計以及子女教育若能由丈夫負責，則4型妻子更能建立和樂的家庭。

5型男性

努力踏實的丈夫

（大男人主義度……70分）

踏實的5型男性，在婚姻生活中尋求的是穩定，因此自己一定會努力工作，建立家庭的經濟基礎，不會向別人借錢，或是游手好閒，威脅到家庭的生活，對子女也能善盡父親的責任，是值得依賴的丈夫。

也許妳會認為，5型男性尋求的伴侶是專業主婦、能好好照顧家庭的女性……但事實上並不見得如此。當然他喜歡具家庭性、謙恭的女性，但另一方面，他也希望找到有智慧、有能力的女性，或是非常艷麗的女性等，不管是哪一種女性，他都一定會巧妙地稱讚對方，鼓勵對方，讓對方有幹勁，儘量維持家庭圓滿，妻子若有工作，他也會儘量協助妻子。

5型丈夫非常照顧妻子，同時也希望自己得到妻子的照顧。如果妻子只是享受丈夫的付出，自己不願意為丈夫做點事情，他就會封閉心靈，埋首於工作。對於努力的丈夫，妻子應該盡力表現溫柔。

5型女性　重視生活的踏實妻子（老婆當家度……50分）

現實的5型女性，認為結婚就是生活，選擇結婚對象時，不注重好惡感情，重視的是對方能否給自己安定的生活。

5型女性想過的生活，並不是奢侈浪費的生活，她是能過樸素生活的人，會節儉度日，存錢買房子，或是存子女的教育基金，如果丈夫把薪水交給她，可安心讓她運作整個家庭。

但是，有的丈夫對妻子的這種努力會厭煩。

本來就不懂得表現感情的妻子，不懂得向丈夫撒嬌，隨著年紀增加，可能會變成黃臉婆，不論外表或裝扮都變得邋遢……因此，丈夫當然會感嘆妻子不再有女人味了。

人不能光靠麵包過活，所以也要為外表或娛樂花點金錢。5型妻子畢竟有其優點，在困難狀況中，她能以堅忍的力量度過難關。

6型男性

值得依賴的丈夫

（大男人主義度……90分）

6型男性認為男人應該在外面努力工作，女人應該在家裡好好照顧家庭，想法傳統，所以在家裡會表現出大男人主義的態度，然而為了不讓家人擔心，就算工作再辛苦，也會一人承擔，善盡丈夫職責。雖然有點大男人主義，卻是值得依賴的大家長。

妻子可能認為他不會幫忙做家事，但他卻能在精神上領導整個家庭。家庭發生問題時，可以和他商量，他對子女教育問題也非常關心，是具有毅然態度的父親。

值得依賴的6型丈夫也有讓妻子不滿之處，例如，6型丈夫非常害羞，不會表達愛情。女性當然希望丈夫說些溫柔的話，或是送禮物，但他卻不懂得要做這些事。此外，丈夫認為妻子應盡身為妻子的職責，反對她在外工作，因此，妻子若能了解丈夫的性格，表現出謙遜的態度，巧妙操縱丈夫，就能建立圓滿的家庭。

6型女性　經常注意外界的有能力妻子（老婆當家度……80分）

和傳統的6型男性完全相反，6型女性結婚之後，不會只待在家裡，會積極注意外界，有智慧，對社會、文化等事物非常關心，成為妻子、成為母親後，仍會繼續工作，有的甚至比丈夫會賺錢，能力很強。

6型女性希望掌握主導權，所以會選擇溫馴的男性。家務事、雜事等她不喜歡自己一個人做，喜歡丈夫、子女一起完成。她是生活力旺盛的妻子，看起來就是老婆當家型，身為妻子要注意到這個問題。

具人情味、對事物看法非常公平的6型妻子，非常懂得和公婆、親戚相處，在育兒方面，也會以包容心對待子女，因而能夠培養出身心健康的孩子。如果丈夫想制止妻子發揮能力，反而會使她成為教育媽媽，甚至變成欺負丈夫的妻子。

因此，做丈夫的要承認妻子的才能和慾望，妻子則必須想想丈夫真正的想法是什麼，互相合作是最好的。

7型男性

對任何事都適可而止的優閒丈夫

（大男人主義度……45分）

7型男性不會因為結婚而改變自己，會保持自然本性對待家庭、工作。他完全不會去考慮丈夫應該做什麼，妻子應該做什麼……不論對自己或對妻子都採柔軟優閒態度，工作只要適可而止地努力，適當地協助家庭工作……就可以了。這種丈夫當然不可依賴，但他很少生氣，可以配合自己的步調，享受人生，可是妻子可能會認為「這種丈夫太不負責任了」。

在家事上，如果妻子要求7型丈夫協助，他會幫忙。育兒工作上，如果拜託他說：「請為全家人服務，帶我們去吧！」他會很高興地說「好，好」，輕鬆地擔任父親的角色，非常懂得討妻子歡心，平常就會巧妙地避免衝突或摩擦，發生問題時，妻子可能會把責任歸咎於丈夫，或是突然爆發怒氣，這些情形一定要注意。

此外，隨著年齡增長，他可能會較囉嗦，妻子可以巧妙運用丈夫提出細節時的意見，就可保持圓滿的關係。

7型女性　懂得操縱丈夫的妻子（老婆當家度……35分）

開朗、可愛的7型女性一旦結婚，也一樣具有青春的魅力。

雖然她不太會做家事，卻非常懂得製造家庭中開朗、祥和的氣氛，不在意有沒有錢，能運用優秀的美感，使家庭生活非常和樂，這種妻子令丈夫與子女都非常滿意。

丈夫可能會認為這種妻子不太會做家事，而且有錢就隨便亂花，可能在發薪日之前就把錢花光了。雖然妻子有這些缺點，但她懂得稱讚丈夫的優點，讓丈夫有好心情，令丈夫滿意。

不懂得安排的7型妻子，對丈夫卻非常地用心，令丈夫不得不產生一種想要彌補妻子缺點的想法……所以做丈夫的要是不努力一點，就無法建立起家庭。而7型妻子會選擇較堅強、踏實的伴侶，所以不必擔心這個問題。

她雖然不會做家事，但懂得巧妙操縱丈夫，在踏實丈夫的支持之下，大多能過著幸福的婚姻生活。

8型男性

對任何事都容易煩惱的爸爸 （大男人主義度……50分）

具有旺盛服務精神的8型男性結婚之後，會成為重視家庭的住家男人，只要依賴他，家裡的事情他都會輕鬆地完成。妻子若有工作，他也會幫忙做家事。此外，這類型的大多喜歡小孩，容易為孩子而煩惱，喜歡在休假日為家人做一頓美味佳餚，或帶家人外出旅行，努力為家人服務。

但是，8型丈夫做為一家之主，並非值得依賴的丈夫。雖然是踏實的人，卻沒有出人頭地的慾望，只想過著幸福的家庭生活，只要能夠確保維持家庭的收入即可，不具發展的野心。不知是否因為了解自己的這種傾向，8型丈夫會尋求比較堅強的女性當自己的妻子。

在性愛方面，最好是具家庭性、生活感覺樸實，在外面則精明幹練的有能力女性較為理想。如果找到好妻子，就能建立安定的家庭生活。懂得與人相處的8型丈夫，就算是入贅，也能和妻子的家人和平相處。

8型女性　懂得存錢、精打細算的媽媽（老婆當家度……60分）

踏實的8型女性結婚之後，會成為很會存錢，懂得精打細算經營家庭的妻子。有不少人結婚之後仍繼續工作，但又同時能協助丈夫，兼顧家庭與工作。一般而言，家計上她懂得精打細算，和鄰居能和睦相處，家事做得很好，教育子女也能確立正確方針，是賢妻良母。

8型妻子較不懂得表現情感，但非常懂得操縱丈夫。8型妻子的心中，嚮往能擁有踏實的丈夫，不過，實際上卻是由自己計畫家裡的一切，在背後支撐丈夫，令人難以忘記她身為賢內助的功勞，丈夫心想：「妻子這麼努力，所以我也要努力……」，自然就會有幹勁。

形成家庭裡的穩定感的8型妻子，遭到任何問題時，能冷靜地保護家人，而且會協助丈夫，成為重要的妻子、母親，建立圓滿的家庭。

但在工作和儲蓄上太過耗費心力，反而缺乏女人的性感，所以要在化粧和服裝上關心一下自己。

9型男性

把工作當成重心的野心家丈夫（大男人主義度……80分）

野心家的9型男性結婚後，不會把家庭擺在第一位，不可能成為住家男人。他非常忙碌，就算想要為家庭犧牲奉獻，也沒有為家人服務的機會。

不過9型丈夫並不是不顧家庭或家人，他自覺到自己是一家之長，必須支持家人，在有事時會全力守護妻子子女，所以在升學問題、婆媳問題上，是孩子和妻子很好的商量對象。發生問題時，會從妻子那裡了解詳情，做出適當的指示，是責任感很強的丈夫。

不過，在工作上要求自我表現的9型丈夫，會努力追求夢想，有時不願聆聽任何人的意見，令家人擔心「這樣下去該怎麼辦」……不管任何時候，如果妳都能相信丈夫，那麼，妳就可以跟隨生活方式比較激烈的9型丈夫。

9型女性

坐鎮指揮女性在上的妻子（老婆當家度……90分）

充滿智慧、非常驕傲的9型女性，結婚後仍希望由自己掌握主導權，因此選擇的結婚對象，大多是支持自己、踏實樸素的男性，結果建立一個女性在上位的家庭。

9型妻子經常從高處觀察事物，對家庭將來的計畫、子女的教育問題，很早就設定標竿，為了實踐而不斷努力。

對丈夫或子女會有期待之心，希望「你變成這樣的人」，會不斷幫助、給予建議，對家人而言是一種激厲。

對家事則不感興趣，想要請傭人。充滿力量的9型女性結婚之後，視野仍朝向外界，如果工作，收入可能會和丈夫相同或超過丈夫，但以女性為上位的家庭，如果不顧丈夫的想法，可能會發生離婚或分居的問題。9型妻子是以自己為中心的人，所以要經常注意丈夫的想法，生活才會美滿。

婚前檢查重點

「現在是單身漢，經常外食，希望結婚後能吃到妻子做的美味佳餚。」「希望休假時，兩個人能一起做家事，一起去購物。雖然已經成為夫妻，但仍希望能手牽著手散步。」

不論男女，對婚姻都會有這樣的夢想。當然，有了這些夢想之後，到了一定的階段，就會開始找尋新居，或是處理結婚事項，然後步入結婚禮堂。

但是，只是做夢不見得能得到真正的幸福。你所選擇的伴侶是否能實現自己的夢想？此外，對方對你也有要求，你是否能符合對方的要求？

要回答這些疑問，就要在婚前做一些檢查，以下就是檢查的重點。CHECK①—⑩都是維持婚姻生活的重點，自己要求伴侶做的，先捫心自問是否做到了，再來閱讀，比較有效。

人，不可能是完美的。如果你找尋的伴侶無法符合你的希望，你了解了這點之後，要如何與對方妥協？找出妥協方法也很重要，最重要的是，結婚之後不要後悔，拼命想「怎麼會這樣……」

你想和他結婚的對象是：①能一起努力、互相幫助的人？②那個人金錢感如何？③會幫忙家事？④在育兒方面非常拿手？⑤和鄰居、親戚交往情形如何？⑥生活感覺方面，是喜歡奢侈浪費的女性？還是⑦喜歡賭博的男性？⑧生活方面，是不是容易生氣？⑨面對困境時，是否會逃之夭夭？最後，⑩人生的變化何時到來？

也許還有其他你想知道的重點，但請先調查這十個項目。選擇共度一生的對象之前，一定要好好檢查一下。

檢查①　是否能共同工作、互助合作？

選擇結婚對象時，有工作的女性最在意的就是這一點。如果對方了解自己，則婚後也許能繼續工作，如果不是，那麼逼不得已就得走入家庭。

男方到底希望妻子能兼顧工作和家庭，還是希望妻子走入家庭，事先知道當然比較好。

願意和妻子共同工作、互助合作的男性，是2、5、8型男性。這些男性非常勤勞，要是妻子也在外工作，無法照應家事，也會幫忙。但是，2、5型男性是認真踏實型，當妻子對工作和家庭都表現出認真的態度時，他才會幫忙，而且可能做得馬馬虎虎，還會發牢騷。8型男性則是服務精神旺盛型，不過，有時受心情影響，也不見得隨時都會幫忙。

其次會幫忙的是1、4型男性，雖然不算積極，但在妻子請求下，還是會幫忙。4型男性做事較馬虎，做完菜之後，不會收拾乾淨，做事不徹底。

基本上，不會幫忙的是3、6、7、9型男性。他們並非絕對不幫忙，在妻子巧妙的稱讚之下還是會幫忙。喜歡講道理的6、9型男性，要認為妻子有在外面工作的必要性時，才會動手幫忙，不過，不太關心生活細節的7型男性，不管妻子外面有沒有工作，通常都不會幫忙家務事。

另一方面，女性和丈夫都有工作的狀態下，能將問題處理得很好的，是8型女性。本身有工作，又不忘支持丈夫的，就是8型女性。堅忍不拔的1型女性、勤勞的2型女性、努力的5型女性，也都希望和丈夫一樣擁有工作，但比較不能幹，所以最好在家庭和工作之間擇一而為。7型女性大多是懂得工作，不懂得做家事的人。

踏實的3、6、9型女性本來就喜歡工作，這型的女性若和丈夫一樣都有工作時，可能會放著家事不管，熱衷於工作。具有能量的妻子如果願意的話，當然能夠兼顧工作、家庭，但是盡可能做個家庭主婦，支持丈夫，家庭才會安泰。

檢查②　是否有金錢感？

幸福是金錢買不到的，但有錢的話，當然更能達到幸福的目標，尤其婚姻生活與戀愛時代的生活不同，每天生活、居住、人際關係、子女教育問題等，與金錢相關的問題很多，因此，事前知道你的伴侶是否有金錢感，也很重要。

這九種型態的金錢感大致可分為儲蓄派、用錢派、活用派三種。首先是儲蓄派，他們大多為1、2、5型的人。1、2、5型的人非常踏實，具有堅實的金錢感，絕不會勉強，會努力賺錢，盡可能過著普通的生活，不會有金錢匱乏之虞。

但他們不懂得活用金錢，無法有技巧地投資，表示沒有財運，對留下財產不感興趣。2、5型的人只顧眼前的利益，無法為將來打算，有時為了他人或是自己，在投資方面活用金錢比較好。

相反的，對儲蓄沒有興趣、很會用錢的，就是用錢派，也就是4、7、9型的人。這型的人對金錢不會執著，不喜歡儲蓄，喜歡把錢用在與他人的交流，或是自己的投資上。尤其4、9型的人很喜歡在人前表現出海派的一面，或為自己買一些東西，但是和因買了便宜貨而花錢的4型相比，9型用錢看起來非常豪爽，但絕不會浪費金錢，也就是說，會靠著自己的才能賺取金錢。認為「金錢會循環」的7型的人是只要有錢就用的浪費家，甚至有的人會把財產全都花光，這類人一定要配合自己的收入生活。

最後是3、6、8型的人，這是非常懂得活用金錢的活用派，尤其3型人金錢感靈敏，數字觀念很強，能巧妙獲利，增加財富，因而是能夠有效活用、儲蓄金錢的人。6型的人不會因為有錢沒錢，而一喜一憂，平常很謹慎，但必要時也會用錢，有自己的原則。懂得金錢價值的8型和6型一樣，平常用錢很謹慎，但有事時也會籌措資金，努力發展，能巧妙活用金錢。

檢查③　是否會做家事？

以前做家事是女性的工作，不過最近因為考試或工作忙碌，與家事無緣的女性很多，另一方面，喜歡烹飪的男性也增加了，夫妻一起工作或因單身赴任而須自立的丈夫多了起來。家事工作大多可藉著經驗的累積而做得很好，你的伴侶是否會做家事，可以檢查一下他的潛在能力。

一般而言，會做家事的是1、2、5、8型的人。

1型的人有打掃、洗衣、煮飯等做家事的能力，特別是女性非常懂得安排一切，男性則不會認為「家事是女人的工作」，自己的事情會自己做，屬於生活自立派。勤勞的2型女性會照顧到所有的家事，連雜事都能處理得非常完美。2型男性雖然不會每天做家事，但一些細節還是會自己做，而家裡修理等須要男性動手的事他也會去做。

5型的人不論男女，都有做家事的能力，而男性若看到有人能做的話，就會交給別人去做。服務精神旺盛的8型男性，在家事方面能協助妻子，也能進入廚房做好菜，而8型女性雖然會做家事，但比較不細膩，在照顧家人方面，比較大而化之。

相反的，不懂得做家事的就是3、4、6、7、9型的人。

3型人敏捷迅速，懂得收拾家裡，但是情緒易變，不夠慎重，因此容易出錯，不論男女都不喜歡這種反覆作業，所以不喜歡做家事。

4、7、9型的人對做家事不關心，不喜歡反覆地做同樣的事情，比較注意外界，而非家裡，4型女性甚至樂天地認為「灰塵又不會死人」，4型男性單純覺得很麻煩，直接把家事交給別人做。

情緒容易變化的7型女性，對家事也會有多變的情緒。7型男性不願出手做有生活感的家事，9型的人不論男女都忙著追逐自己的理想和夢想，對家裡的事不感興趣。

就像到餐廳去用餐的客人一樣，希望別人為你服務，因此，找尋伴侶時，你做家事的能力會被他們列入考慮範圍。

6型的人較不同，女性不喜歡自己做家事，喜歡支使別人（例如丈夫或傭人），男性則基於「家事應該由妻子做」的原則，也不願意出手做家事，不過要是妻子生病，有不得不做家事的理由時，就會去做。

檢查④　是否會為育兒工作盡心力？

近年來嬰兒出生率降低，大家都很擔心，不過事實上，企業的育兒休假和育兒所的設備並不完善，所以對有工作的女性而言，成為伴侶的男性是否能幫助育兒工作，是非常重要的問題。包括子女教育問題在內，他將來究竟是何種父親？現在就來看一下。

1型男性對於育兒一事全都遵從妻子的意見，在妻子的拜託下，會幫忙育兒工作。在教育方面，會在較遠的地方守護孩子，適當之時給予建議。

2型男性則是喜歡照顧他人的人，如果妻子能好好指導，他就能儘量協助妳。他認為孩子小時候可以撒嬌，但長大成人之後，就必須有確立的教育方針對待子女。

3型男性喜歡和孩子一起玩，能發揮好父親的作用，但只光是玩，並不給予任何教養或指導，所以孩子不會討厭父親。

他們大多屬於放任型的父親。

4型男性在妻子的要求下會幫助妻子，但不會收拾善後，太不值得依賴了……與3型男性同樣是放任型。

5型男性較容易成為住家男人，很會照顧人，因此，若是妻子巧妙地拜託他，他也會成為儘量照顧孩子的父親。不過在教育孩子方面，他自己經驗過的事，也想讓孩子經驗，例如自己是高學歷，也希望孩子是高學歷。他會是個嚴父，可能會引起子女的反抗。

6型男性會藉著經濟方面的協助等外在條件的完善，讓妻子安心教育子女，不過自己卻不照顧子女。在教育方面，重視人格形成，會讓孩子學習以自己的方式生活。

7型男性能建立開朗快樂的家庭，孩子能順利成長，但卻是不值得依賴的父親。他不會照顧或教育孩子，屬於放任型。

8型男性是九種型之中，最容易因子女而煩惱的人，很會照顧子女，會幫孩子洗澡、逗小孩，幫助妻子，會成為對孩子較寵愛的父親。豐富的情愛對子女的人格形成有好的影響。

9型男性不會幫助妻子，但是會發現子女的才能，發揮孩子的能力。但過度嚴格，可能會使才能萎縮，一定要注意這一點。

檢查⑤　是否懂得和附近鄰居交往？

單身時不在意鄰居，但結婚後就會在意了，尤其住在社區的人要是和鄰居相處不好，也許會有人居心不良……。你的伴侶和鄰居相處情形如何呢？

懂得相處的是4、7型的人。4型的人不多嘴，也不冷淡，藉著卓越的平衡感，搏得鄰居的好感，懂得和鄰居相處，但覺得社區活動很麻煩。7型的人很會說話，每次見面都會打招呼，給人好印象，但是有時給鄰居添了麻煩都不知道，一定要知道這一點。

其次，採用若即若離相處方式的型，是1、3、5、8型的人。1型的人不論男女都懂得照顧人，所以不會給人不好的印象，但是含有祕密主義色彩，所以很難對他人敞開心扉。3型的人是不論好壞都不願深入他人陣地的冷酷型，在交往上非常慎重，不想打擾別人，也不希望自己被打擾，可是非常遵守規則，也很懂得禮貌，會參與社區活動。

5型的人非常懂得和鄰居相處，女性沈默寡言，看起來好像不熱情，男性則懂得照顧人，給人開朗的印象。8型男性會照顧人，非常懂得庶民式的交往，但對婚喪喜慶等禮貌性的交往卻難以應付。8型女性不懂得與人交往，但很遵守這些禮貌性的交往。

最後，比較不會和鄰居相處的，是2、6、9型的人。

2型的人對他人非常照顧，但也要求對方做同樣的付出，有時會變得很囉嗦，如果把事情說得太清楚，會讓別人敬而遠之。要以更寬大的心與他人相處。

不會裝腔作勢的6型的人，不見得願意和鄰居交往，但社區幹部這種麻煩的工作，他卻會基於俠義心腸而接受，忘記損益得失，在這方面表現非常活躍。

身為理想家的9型的人，比較討厭一些無聊的閒話，因此，無法進行庶民的鄰居交往，卻會參與社區活動，成為領導者。不過要注意，不可太過獨斷獨行。

檢查⑥　是否奢侈浪費？

服裝、購物對女性而言，是比較快樂的事，也是一種壓力消除法。很多女性一聽到大減價，就高興得神情都變了。但妻子的奢侈浪費若超過一定限度，丈夫看到帳單時，恐怕臉都綠了，夫妻生活也會因此發生問題……。事先知道你想當成終身伴侶的女性奢侈浪費到何種程度，是比較聰明的做法。

在九種型態之中的奢侈浪費型，是7型女性。她具有美麗的容貌與美感，認為要裝扮才會有生活的意義，很多都喜歡享受，對於剝奪享受的生活根本難以想像。

不過也具有審美的眼光，身上穿的衣服或配戴的事物都非常好，如果不是高級品，根本看都不看一眼。在你向他採取攻勢之前，首先必須檢討一下，自己有沒有可以供養她的財力。

另外也喜歡氣派的，是9型女性。她們大多給人玫瑰般華麗的印象，不論是服裝或是裝飾品，都價格昂貴、設計新穎，非常適合她們的外型。

不只服裝，其他如居住環境、經常去的商店也都是高級品味，結婚之後也不打算降低自己的生活水準。因此，男性能配合到何種程度，是兩人婚姻是否成立的關鍵。

不特別奢侈浪費，但較愛慕虛榮的，是1、2、4型女性。1型女性不是講求氣派，只是喜歡高級的裝扮，具有審美眼光，執著於品質極佳的布料或是式樣，絕對不會去買廉價品或拍賣品。2型女性有樸素生活感覺，自己的衣服可以買一些便宜貨，但是在交際應酬方面則喜歡虛榮些，如果有人送禮，就會去買比這個禮更好的東西回送給別人。4型女性對流行非常敏感，不只服裝，甚至連家電用品等出了新品時，都會去買，所以要特別注意。

與7、9型女性相反的，是3、5、6、8型女性，她們對服裝不感興趣，重視內在而非外在。當然，她們穿得很整齊，但不會追求流行，也不會花太多的錢在這上面。這對丈夫而言，雖然在經濟上有所幫助，但太過於乾脆，反而欠缺女性的柔美，令人覺得有些失落感。

檢查⑦　是否喜歡賭博？

家計遭受威脅的原因，除了檢查⑥的妻子是否奢侈浪費，還有丈夫是否喜歡賭博。當然，休假日為了轉換心情，而打打小鋼珠，或是賭馬，誰都會做做，但是一擲千金的豪賭，或是不做事光賭博的話，妻子當然受不了。要清楚他是否喜歡賭博才行。

1型男性對於賭博的刺激完全不感興趣，他原本就很慎重、不喜歡冒險，不會熱衷於賭博。

2型男性也是對於賭博關心度較為淡薄的一型。這型的人認為賭博會造成損失，是現實派的想法，絕不會一頭栽進賭博中。

3型男性也「不認為賭博能賺錢」，對知性遊戲深感關心，所以興趣可能是賽馬或小鋼珠的必勝法，可是很少花大錢去賭博。

4型男性不喜歡賭博，認為異性才能給他刺激的快感，賭博的話也僅止於交際應酬的程度。他令人擔心的，反而是風流問題。

5型男性認為「從機率來看，賭博不可能賺錢」，因此，對於賭博不表關心，但如果簽了六合彩，不小心中獎，也許會一頭栽到裡面去……。由於不具賭才，最好適可而止。

6型男性很喜歡在輸贏上追求浪漫，所以深受賭博的緊張感與推理過程所吸引，因而埋首其中。不過整體而言，他是意志堅強、能控制自己的人，所以不必擔心。

7型男性很討女性歡心，認為與其在賭博上浪費金錢，不如把錢花在女性身上。他最喜歡的遊戲依序是女性、酒、賭博。

8型男性如果想賺錢的話，會去研究股票或是投資，不認為賭博會得到浪漫或刺激，因此，不會去賭博。

9型男性心胸寬闊，非常喜歡輸贏的世界，認為既然是賭博，賭小錢根本沒什麼意思，因此會有大勝大敗的經驗。這是喜歡追求刺激冒險的類型，一定要多注意。

檢查⑧ 是否容易生氣？

有句話說「夫妻吵架，連狗都不理」，不要認為終究會和好如初而吵架，儘可能的還是不要吵架比較好，不要因為言語的爭執而傷害對方，甚至走到離婚的地步。因吵架而離婚的伴侶有很多，你應該要了解自己或伴侶是否容易生氣。

男性容易生氣的是3、8型。3型男性本來就是正直、潔癖型，因此，一旦生氣，就會馬上把情緒表現出來，無法忍受，而8型男性原本就很急躁，又很彆扭、很倔強，當3、8型男性生氣時，最好和他們保持距離。

並不很容易生氣，但依狀況的不同比較囉嗦的，是2、5、6、9型男性。2型男性在對方出錯時，會加以訂正。6型男性無法接受不合理的事。5型男性平常是忍耐型，但超過界限就會大爆發。9型男性對對方要求較高，一旦對方無法達到他的目標，就會焦躁。

和平主義者是1、4、7型男性。1型男性不管何時都不忘冷靜，會保持沈默，忍耐下去。4型男性很懂得將事情處理到最完善的地步。比較膽小的7型男性在要與人發生爭吵時，會逃之夭夭。

女性方面容易生氣的是3、6、8、9型的人。3型女性很容易注意細節，一旦發現對方的缺點和錯誤，絕不會坐視不顧。相反的，6型女性不在意細節，但對不合理的事卻絕無法放任不管，非常會諷刺，因此要自重。

8型女性喜歡表達清楚的態度，即使本人沒有惡意，但也可能觸怒到對方，所以要多加注意。知性派的9型女性絕不允許不合理的事情，經常責備對方，所以最好有點寬容心。

此外，雖非容易生氣型，但2型女性較嘮叨，5型女性在男性做錯事情時，會非常害怕。

1、4、7型女性和男性一樣是和平主義者，而1型女性的冷靜，有時會讓人覺得是冷酷。4、7型的女性很懂得弭平紛爭，男性則可能逃之夭夭，要多注意這一點。

檢查⑨　陷入困境時的忍耐度為何？

夫妻生活不可能永遠一帆風順，丈夫的工作有可能不順利，家中可能會有人生病，妻子有時必須照顧。面臨到人生困境時，你和你的伴侶能忍耐到何種程度？下面就來看看。

能抵擋困境的類型是1、2、5、6、9型的人。

1型的人不管何時都不依賴他人，有靠自己的力量做事的獨立精神，看起來非常溫馴，但卻是堅忍不拔的人，會默默地忍耐困境。但過度忍耐的話，容易積存不滿，即使臉上沒有露出難看的表情，身為伴侶的人還是要多注意。

2型的人在失意的狀態下，只要注意自己該走什麼路，該做什麼事情，就能靠自己的力量重新站起來。雖有忍耐力，但若困境歷時太久，或像進入迷宮一樣找不到出口，就會束手無策。此時秘訣就是不可焦躁。

5型的人即使在殘酷的狀況中，也具有不屈不撓的鬥志，只要有明確的目標，就會愈挫愈勇，順利度過困境。

6型的人在任何環境下，都能以積極的忍耐和努力來應付，不喜歡表現懦弱的一面或發牢騷，能隨時以積極的態度克服所有的障礙。

9型的人即使遇到失敗，也能靠自己的力量重新站起來。很多人把失敗當成成功之母，但有時焦躁的確會使判斷錯誤，所以一定要冷靜下來。

其次，男女忍耐度不同的是8型的人。8型女性在九種型態中，是最有忍耐力的。她具有主體性，有旺盛的自立心，大家陷入恐慌狀態時，她仍具有不為所動的堅強，能抵擋逆境，具有克服困難的力量。8型男性則欠缺主體性，欠缺靠自己力量解決事情的氣概，即使別人想把他從後面往前推，也推不動。由於非常懦弱，需要強力女性的支撐。

最後，無法抵擋困境的類型是3、4、7型的人。3型的人看似堅強，卻欠缺持續力，如果殘酷的狀況持續下去，他可能會想逃走。4、7型的人不值得依賴，不具能夠忍受辛苦和孤立的力量，會向別人求助，盡可能想要脫離困境，使自己輕鬆一點。所以在陷入困境之前，伴侶趕緊伸出援手救他，是最重要的！

檢查⑩ 人生的變化何時到來？

雖有困境時期，但以往的努力也會開花結果，這就是人生，夫妻會分享辛苦和喜悅，藉著了解對方是以何種方式生活的，可以事先知道在人生的何時會有變化出現。

整體而言，過著平穩生活的是1、2、4、8型的人，這些人擅守不擅攻，不喜歡會伴隨冒險的勝敗事情，所以不會有大失敗，會踏實地走在人生之路上。1型的人的巔峰期在中年期，也就是在四十幾歲時，二、三十歲則是播種期，不要焦躁、多努力，等待努力結果的時候到來吧！2型人巔峰期在五十幾歲時，也就是說只要年輕時多努力，晚年就能保安泰。

4型的人的巔峰期較早，大概在二、三十歲就到了，在較早的階段學習所有事物，建立值得信賴的智囊團會比較有效。8型人的巔峰期在五十多歲，這時累積了各種經驗，變得更為成熟。擁有目標的8型女性，在四十歲之前做好了準備。而8型男性年輕時雖經歷過幾次失敗，卻能把這些失敗活用在下一次的努力中，因而得到更大的成功。

其次，生活波濤起伏的是5、7型的人。5型的人是野心家，有時會有大成果，有時會有挫折感，人生的巔峰期大概在晚年五十多歲時，年輕時若做得不好，也不要焦躁。7型的人太貪圖享受，會失去財產，朝著自己喜歡的道路前進，可能成功，但過的是不可預測的人生。人生巔峰期是在五十多歲時，在此之前要儲存能量。

最後，不滿足於人生的是3、6、9型的人。

好奇心旺盛的3型的人不受現狀的束縛，會不斷展現新的行動，人生巔峰期是二、三十歲，較早就有成果，但是最重要的就是要不斷地努力。能準確掌握正確狀況的6型的人，具有展現大行動的大膽，因此，人生充滿戲劇性的變化，巔峰期為五十多歲，年輕時若已嶄露頭角，也不要滿足，要不斷提升自我。性格如火般激烈的9型的人不斷超越自己的界限，不斷往前衝，走的是波濤萬丈的人生之路，巔峰期在四十多歲，年輕時不會嶄露頭角，但只要不斷等待，成熟期就會到來。

你的伴侶是風流型嗎？

男性1、2、4、5、8型的人不會自己主動風流，但是受到女性誘惑時，恐怕會禁不起誘惑。

1、2型男性演技太差，容易被妻子看穿，所以自己會防範風流事件的發生。4型男性會因對象的不同，而形成較深的親密關係……。如果在外住宿或遲歸的情形增加，妳最好問問他。5型男性可能會風流，原本只是玩玩而已，但最後可能會認真，所以要多注意。8型男性無法抵擋堅強的女性，又不懂得隱瞞，所以可能會被公司裡的人或是鄰居發現。

3、6、9型的男性非常重視原則，但會去評估一下是否真的想要這個女性，或是妻子會不會責難自己等等，如果認為能符合自己的道理，就會風流。3型男性會認為，陷入另一段戀情中，是無可厚非之事。6、9型男性想要照顧妻子和戀人，身為他的妻子，要覺悟到他可能會風流。

7型的人很受異性歡迎，不論男女都容易風流。這型的人一旦有了妻子或丈夫之後，平常就要盯牢他。

女性方面，難以抵擋花言巧語的是1、4、7型女性。會主動想要風流的則是3、6、8、9型女性。2、5型的女性是踏實型，但要注意，可別選中風流的丈夫。

大展出版社有限公司 圖書目錄

地址：台北市北投區(石牌)
致遠一路二段12巷1號
郵撥：0166955～1

電話：(02)28236031
28236033
傳真：(02)28272069

・法律專欄連載・電腦編號58

台大法學院 法律學系／策劃
法律服務社／編著

1. 別讓您的權利睡著了 1　200元
2. 別讓您的權利睡著了 2　200元

・秘傳占卜系列・電腦編號14

1. 手相術　淺野八郎著　180元
2. 人相術　淺野八郎著　180元
3. 西洋占星術　淺野八郎著　180元
4. 中國神奇占卜　淺野八郎著　150元
5. 夢判斷　淺野八郎著　150元
6. 前世、來世占卜　淺野八郎著　150元
7. 法國式血型學　淺野八郎著　150元
8. 靈感、符咒學　淺野八郎著　150元
9. 紙牌占卜學　淺野八郎著　150元
10. ESP超能力占卜　淺野八郎著　150元
11. 猶太數的秘術　淺野八郎著　150元
12. 新心理測驗　淺野八郎著　160元
13. 塔羅牌預言秘法　淺野八郎著　200元

・趣味心理講座・電腦編號15

1. 性格測驗① 探索男與女　淺野八郎著　140元
2. 性格測驗② 透視人心奧秘　淺野八郎著　140元
3. 性格測驗③ 發現陌生的自己　淺野八郎著　140元
4. 性格測驗④ 發現你的真面目　淺野八郎著　140元
5. 性格測驗⑤ 讓你們吃驚　淺野八郎著　140元
6. 性格測驗⑥ 洞穿心理盲點　淺野八郎著　140元
7. 性格測驗⑦ 探索對方心理　淺野八郎著　140元
8. 性格測驗⑧ 由吃認識自己　淺野八郎著　160元
9. 性格測驗⑨ 戀愛知多少　淺野八郎著　160元
10. 性格測驗⑩ 由裝扮瞭解人心　淺野八郎著　160元

11.	性格測驗⑪ 敲開內心玄機	淺野八郎著	140元
12.	性格測驗⑫ 透視你的未來	淺野八郎著	160元
13.	血型與你的一生	淺野八郎著	160元
14.	趣味推理遊戲	淺野八郎著	160元
15.	行為語言解析	淺野八郎著	160元

・婦幼天地・電腦編號 16

1.	八萬人減肥成果	黃靜香譯	180元
2.	三分鐘減肥體操	楊鴻儒譯	150元
3.	窈窕淑女美髮秘訣	柯素娥譯	130元
4.	使妳更迷人	成　玉譯	130元
5.	女性的更年期	官舒妍編譯	160元
6.	胎內育兒法	李玉瓊編譯	150元
7.	早產兒袋鼠式護理	唐岱蘭譯	200元
8.	初次懷孕與生產	婦幼天地編譯組	180元
9.	初次育兒12個月	婦幼天地編譯組	180元
10.	斷乳食與幼兒食	婦幼天地編譯組	180元
11.	培養幼兒能力與性向	婦幼天地編譯組	180元
12.	培養幼兒創造力的玩具與遊戲	婦幼天地編譯組	180元
13.	幼兒的症狀與疾病	婦幼天地編譯組	180元
14.	腿部苗條健美法	婦幼天地編譯組	180元
15.	女性腰痛別忽視	婦幼天地編譯組	150元
16.	舒展身心體操術	李玉瓊編譯	130元
17.	三分鐘臉部體操	趙薇妮著	160元
18.	生動的笑容表情術	趙薇妮著	160元
19.	心曠神怡減肥法	川津祐介著	130元
20.	內衣使妳更美麗	陳玄茹譯	130元
21.	瑜伽美姿美容	黃靜香編著	180元
22.	高雅女性裝扮學	陳珮玲譯	180元
23.	蠶糞肌膚美顏法	坂梨秀子著	160元
24.	認識妳的身體	李玉瓊譯	160元
25.	產後恢復苗條體態	居理安・芙萊喬著	200元
26.	正確護髮美容法	山崎伊久江著	180元
27.	安琪拉美姿養生學	安琪拉蘭斯博瑞著	180元
28.	女體性醫學剖析	增田豐著	220元
29.	懷孕與生產剖析	岡部綾子著	180元
30.	斷奶後的健康育兒	東城百合子著	220元
31.	引出孩子幹勁的責罵藝術	多湖輝著	170元
32.	培養孩子獨立的藝術	多湖輝著	170元
33.	子宮肌瘤與卵巢囊腫	陳秀琳編著	180元
34.	下半身減肥法	納他夏・史達賓著	180元
35.	女性自然美容法	吳雅菁編著	180元
36.	再也不發胖	池園悅太郎著	170元

37. 生男生女控制術	中垣勝裕著	220 元
38. 使妳的肌膚更亮麗	楊　皓編著	170 元
39. 臉部輪廓變美	芝崎義夫著	180 元
40. 斑點、皺紋自己治療	高須克彌著	180 元
41. 面皰自己治療	伊藤雄康著	180 元
42. 隨心所欲瘦身冥想法	原久子著	180 元
43. 胎兒革命	鈴木丈織著	180 元
44. NS 磁氣平衡法塑造窈窕奇蹟	古屋和江著	180 元
45. 享瘦從腳開始	山田陽子著	180 元
46. 小改變瘦 4 公斤	宮本裕子著	180 元
47. 軟管減肥瘦身	高橋輝男著	180 元
48. 海藻精神秘美容法	劉名揚編著	180 元
49. 肌膚保養與脫毛	鈴木真理著	180 元
50. 10 天減肥 3 公斤	彤雲編輯組	180 元
51. 穿出自己的品味	西村玲子著	280 元

・青 春 天 地・電腦編號 17

1. A 血型與星座	柯素娥編譯	160 元
2. B 血型與星座	柯素娥編譯	160 元
3. O 血型與星座	柯素娥編譯	160 元
4. AB 血型與星座	柯素娥編譯	120 元
5. 青春期性教室	呂貴嵐編譯	130 元
6. 事半功倍讀書法	王毅希編譯	150 元
7. 難解數學破題	宋釗宜編譯	130 元
9. 小論文寫作秘訣	林顯茂編譯	120 元
11. 中學生野外遊戲	熊谷康編著	120 元
12. 恐怖極短篇	柯素娥編譯	130 元
13. 恐怖夜話	小毛驢編譯	130 元
14. 恐怖幽默短篇	小毛驢編譯	120 元
15. 黑色幽默短篇	小毛驢編譯	120 元
16. 靈異怪談	小毛驢編譯	130 元
17. 錯覺遊戲	小毛驢編著	130 元
18. 整人遊戲	小毛驢編著	150 元
19. 有趣的超常識	柯素娥編譯	130 元
20. 哦！原來如此	林慶旺編譯	130 元
21. 趣味競賽 100 種	劉名揚編譯	120 元
22. 數學謎題入門	宋釗宜編譯	150 元
23. 數學謎題解析	宋釗宜編譯	150 元
24. 透視男女心理	林慶旺編譯	120 元
25. 少女情懷的自白	李桂蘭編譯	120 元
26. 由兄弟姊妹看命運	李玉瓊編譯	130 元
27. 趣味的科學魔術	林慶旺編譯	150 元
28. 趣味的心理實驗室	李燕玲編譯	150 元

29. 愛與性心理測驗	小毛驢編譯	130元
30. 刑案推理解謎	小毛驢編譯	180元
31. 偵探常識推理	小毛驢編譯	180元
32. 偵探常識解謎	小毛驢編譯	130元
33. 偵探推理遊戲	小毛驢編譯	130元
34. 趣味的超魔術	廖玉山編著	150元
35. 趣味的珍奇發明	柯素娥編著	150元
36. 登山用具與技巧	陳瑞菊編著	150元
37. 性的漫談	蘇燕謀編著	180元
38. 無的漫談	蘇燕謀編著	180元
39. 黑色漫談	蘇燕謀編著	180元
40. 白色漫談	蘇燕謀編著	180元

・健康天地・電腦編號 18

1. 壓力的預防與治療	柯素娥編譯	130元
2. 超科學氣的魔力	柯素娥編譯	130元
3. 尿療法治病的神奇	中尾良一著	130元
4. 鐵證如山的尿療法奇蹟	廖玉山譯	120元
5. 一日斷食健康法	葉慈容編譯	150元
6. 胃部強健法	陳炳崑譯	120元
7. 癌症早期檢查法	廖松濤譯	160元
8. 老人痴呆症防止法	柯素娥編譯	130元
9. 松葉汁健康飲料	陳麗芬編譯	130元
10. 揉肚臍健康法	永井秋夫著	150元
11. 過勞死、猝死的預防	卓秀貞編譯	130元
12. 高血壓治療與飲食	藤山順豐著	150元
13. 老人看護指南	柯素娥編譯	150元
14. 美容外科淺談	楊啟宏著	150元
15. 美容外科新境界	楊啟宏著	150元
16. 鹽是天然的醫生	西英司郎著	140元
17. 年輕十歲不是夢	梁瑞麟譯	200元
18. 茶料理治百病	桑野和民著	180元
19. 綠茶治病寶典	桑野和民著	150元
20. 杜仲茶養顏減肥法	西田博著	150元
21. 蜂膠驚人療效	瀨長良三郎著	180元
22. 蜂膠治百病	瀨長良三郎著	180元
23. 醫藥與生活(一)	鄭炳全著	180元
24. 鈣長生寶典	落合敏著	180元
25. 大蒜長生寶典	木下繁太郎著	160元
26. 居家自我健康檢查	石川恭三著	160元
27. 永恆的健康人生	李秀鈴譯	200元
28. 大豆卵磷脂長生寶典	劉雪卿譯	150元
29. 芳香療法	梁艾琳譯	160元

30. 醋長生寶典	柯素娥譯	180 元
31. 從星座透視健康	席拉・吉蒂斯著	180 元
32. 愉悅自在保健學	野本二士夫著	160 元
33. 裸睡健康法	丸山淳士等著	160 元
34. 糖尿病預防與治療	藤田順豐著	180 元
35. 維他命長生寶典	菅原明子著	180 元
36. 維他命 C 新效果	鐘文訓編	150 元
37. 手、腳病理按摩	堤芳朗著	160 元
38. AIDS 瞭解與預防	彼得塔歇爾著	180 元
39. 甲殼質殼聚糖健康法	沈永嘉譯	160 元
40. 神經痛預防與治療	木下真男著	160 元
41. 室內身體鍛鍊法	陳炳崑編著	160 元
42. 吃出健康藥膳	劉大器編著	180 元
43. 自我指壓術	蘇燕謀編著	160 元
44. 紅蘿蔔汁斷食療法	李玉瓊編著	150 元
45. 洗心術健康秘法	竺翠萍編譯	170 元
46. 枇杷葉健康療法	柯素娥編譯	180 元
47. 抗衰血癒	楊啟宏著	180 元
48. 與癌搏鬥記	逸見政孝著	180 元
49. 冬蟲夏草長生寶典	高橋義博著	170 元
50. 痔瘡・大腸疾病先端療法	宮島伸宜著	180 元
51. 膠布治癒頑固慢性病	加瀨建造著	180 元
52. 芝麻神奇健康法	小林貞作著	170 元
53. 香煙能防止癡呆？	高田明和著	180 元
54. 穀菜食治癌療法	佐藤成志著	180 元
55. 貼藥健康法	松原英多著	180 元
56. 克服癌症調和道呼吸法	帶津良一著	180 元
57. B 型肝炎預防與治療	野村喜重郎著	180 元
58. 青春永駐養生導引術	早島正雄著	180 元
59. 改變呼吸法創造健康	原久子著	180 元
60. 荷爾蒙平衡養生秘訣	出村博著	180 元
61. 水美肌健康法	井戶勝富著	170 元
62. 認識食物掌握健康	廖梅珠編著	170 元
63. 痛風劇痛消除法	鈴木吉彥著	180 元
64. 酸莖菌驚人療效	上田明彥著	180 元
65. 大豆卵磷脂治現代病	神津健一著	200 元
66. 時辰療法—危險時刻凌晨 4 時	呂建強等著	180 元
67. 自然治癒力提升法	帶津良一著	180 元
68. 巧妙的氣保健法	藤平墨子著	180 元
69. 治癒 C 型肝炎	熊田博光著	180 元
70. 肝臟病預防與治療	劉名揚編著	180 元
71. 腰痛平衡療法	荒井政信著	180 元
72. 根治多汗症、狐臭	稻葉益巳著	220 元
73. 40 歲以後的骨質疏鬆症	沈永嘉譯	180 元

74. 認識中藥	松下一成著	180 元
75. 認識氣的科學	佐佐木茂美著	180 元
76. 我戰勝了癌症	安田伸著	180 元
77. 斑點是身心的危險信號	中野進著	180 元
78. 艾波拉病毒大震撼	玉川重德著	180 元
79. 重新還我黑髮	桑名隆一郎著	180 元
80. 身體節律與健康	林博史著	180 元
81. 生薑治萬病	石原結實著	180 元
82. 靈芝治百病	陳瑞東著	180 元
83. 木炭驚人的威力	大槻彰著	200 元
84. 認識活性氧	井土貴司著	180 元
85. 深海鮫治百病	廖玉山編著	180 元
86. 神奇的蜂王乳	井上丹治著	180 元
87. 卡拉 OK 健腦法	東潔著	180 元
88. 卡拉 OK 健康法	福田伴男著	180 元
89. 醫藥與生活(二)	鄭炳全著	200 元
90. 洋蔥治百病	宮尾興平著	180 元
91. 年輕 10 歲快步健康法	石塚忠雄著	180 元
92. 石榴的驚人神效	岡本順子著	180 元
93. 飲料健康法	白鳥早奈英著	180 元
94. 健康棒體操	劉名揚編譯	180 元
95. 催眠健康法	蕭京凌編著	180 元
96. 鬱金（美王）治百病	水野修一著	180 元

・實用女性學講座・電腦編號 19

1. 解讀女性內心世界	島田一男著	150 元
2. 塑造成熟的女性	島田一男著	150 元
3. 女性整體裝扮學	黃靜香編著	180 元
4. 女性應對禮儀	黃靜香編著	180 元
5. 女性婚前必修	小野十傳著	200 元
6. 徹底瞭解女人	田口二州著	180 元
7. 拆穿女性謊言 88 招	島田一男著	200 元
8. 解讀女人心	島田一男著	200 元
9. 俘獲女性絕招	志賀貢著	200 元
10. 愛情的壓力解套	中村理英子著	200 元
11. 妳是人見人愛的女孩	廖松濤編著	200 元

・校園系列・電腦編號 20

1. 讀書集中術	多湖輝著	150 元
2. 應考的訣竅	多湖輝著	150 元
3. 輕鬆讀書贏得聯考	多湖輝著	150 元

4. 讀書記憶秘訣　多湖輝著　150元
5. 視力恢復！超速讀術　江錦雲譯　180元
6. 讀書36計　黃柏松編著　180元
7. 驚人的速讀術　鐘文訓編著　170元
8. 學生課業輔導良方　多湖輝著　180元
9. 超速讀超記憶法　廖松濤編著　180元
10. 速算解題技巧　宋釗宜編著　200元
11. 看圖學英文　陳炳崑編著　200元
12. 讓孩子最喜歡數學　沈永嘉譯　180元
13. 催眠記憶術　林碧清譯　180元
14. 催眠速讀術　林碧清譯　180元

・實用心理學講座・電腦編號21

1. 拆穿欺騙伎倆　多湖輝著　140元
2. 創造好構想　多湖輝著　140元
3. 面對面心理術　多湖輝著　160元
4. 偽裝心理術　多湖輝著　140元
5. 透視人性弱點　多湖輝著　140元
6. 自我表現術　多湖輝著　180元
7. 不可思議的人性心理　多湖輝著　180元
8. 催眠術入門　多湖輝著　150元
9. 責罵部屬的藝術　多湖輝著　150元
10. 精神力　多湖輝著　150元
11. 厚黑說服術　多湖輝著　150元
12. 集中力　多湖輝著　150元
13. 構想力　多湖輝著　150元
14. 深層心理術　多湖輝著　160元
15. 深層語言術　多湖輝著　160元
16. 深層說服術　多湖輝著　180元
17. 掌握潛在心理　多湖輝著　160元
18. 洞悉心理陷阱　多湖輝著　180元
19. 解讀金錢心理　多湖輝著　180元
20. 拆穿語言圈套　多湖輝著　180元
21. 語言的內心玄機　多湖輝著　180元
22. 積極力　多湖輝著　180元

・超現實心理講座・電腦編號22

1. 超意識覺醒法　詹蔚芬編譯　130元
2. 護摩秘法與人生　劉名揚編譯　130元
3. 秘法！超級仙術入門　陸明譯　150元
4. 給地球人的訊息　柯素娥編著　150元

5.	密教的神通力	劉名揚編著	130 元
6.	神秘奇妙的世界	平川陽一著	200 元
7.	地球文明的超革命	吳秋嬌譯	200 元
8.	力量石的秘密	吳秋嬌譯	180 元
9.	超能力的靈異世界	馬小莉譯	200 元
10.	逃離地球毀滅的命運	吳秋嬌譯	200 元
11.	宇宙與地球終結之謎	南山宏著	200 元
12.	驚世奇功揭秘	傅起鳳著	200 元
13.	啟發身心潛力心象訓練法	栗田昌裕著	180 元
14.	仙道術遁甲法	高藤聰一郎著	220 元
15.	神通力的秘密	中岡俊哉著	180 元
16.	仙人成仙術	高藤聰一郎著	200 元
17.	仙道符咒氣功法	高藤聰一郎著	220 元
18.	仙道風水術尋龍法	高藤聰一郎著	200 元
19.	仙道奇蹟超幻像	高藤聰一郎著	200 元
20.	仙道鍊金術房中法	高藤聰一郎著	200 元
21.	奇蹟超醫療治癒難病	深野一幸著	220 元
22.	揭開月球的神秘力量	超科學研究會	180 元
23.	西藏密教奧義	高藤聰一郎著	250 元
24.	改變你的夢術入門	高藤聰一郎著	250 元
25.	21 世紀拯救地球超技術	深野一幸著	250 元

・養 生 保 健・電腦編號 23

1.	醫療養生氣功	黃孝寬著	250 元
2.	中國氣功圖譜	余功保著	230 元
3.	少林醫療氣功精粹	井玉蘭著	250 元
4.	龍形實用氣功	吳大才等著	220 元
5.	魚戲增視強身氣功	宮 嬰著	220 元
6.	嚴新氣功	前新培金著	250 元
7.	道家玄牝氣功	張 章著	200 元
8.	仙家秘傳祛病功	李遠國著	160 元
9.	少林十大健身功	秦慶豐著	180 元
10.	中國自控氣功	張明武著	250 元
11.	醫療防癌氣功	黃孝寬著	250 元
12.	醫療強身氣功	黃孝寬著	250 元
13.	醫療點穴氣功	黃孝寬著	250 元
14.	中國八卦如意功	趙維漢著	180 元
15.	正宗馬禮堂養氣功	馬禮堂著	420 元
16.	秘傳道家筋經內丹功	王慶餘著	280 元
17.	三元開慧功	辛桂林著	250 元
18.	防癌治癌新氣功	郭 林著	180 元
19.	禪定與佛家氣功修煉	劉天君著	200 元
20.	顛倒之術	梅自強著	360 元

21. 簡明氣功辭典	吳家駿編	360 元
22. 八卦三合功	張全亮著	230 元
23. 朱砂掌健身養生功	楊永著	250 元
24. 抗老功	陳九鶴著	230 元
25. 意氣按穴排濁自療法	黃啟運編著	250 元
26. 陳式太極拳養生功	陳正雷著	200 元
27. 健身祛病小功法	王培生著	200 元
28. 張式太極混元功	張春銘著	250 元

・社會人智囊・電腦編號 24

1. 糾紛談判術	清水增三著	160 元
2. 創造關鍵術	淺野八郎著	150 元
3. 觀人術	淺野八郎著	180 元
4. 應急詭辯術	廖英迪編著	160 元
5. 天才家學習術	木原武一著	160 元
6. 貓型狗式鑑人術	淺野八郎著	180 元
7. 逆轉運掌握術	淺野八郎著	180 元
8. 人際圓融術	澀谷昌三著	160 元
9. 解讀人心術	淺野八郎著	180 元
10. 與上司水乳交融術	秋元隆司著	180 元
11. 男女心態定律	小田晉著	180 元
12. 幽默說話術	林振輝編著	200 元
13. 人能信賴幾分	淺野八郎著	180 元
14. 我一定能成功	李玉瓊譯	180 元
15. 獻給青年的嘉言	陳蒼杰譯	180 元
16. 知人、知面、知其心	林振輝編著	180 元
17. 塑造堅強的個性	坂上肇著	180 元
18. 為自己而活	佐藤綾子著	180 元
19. 未來十年與愉快生活有約	船井幸雄著	180 元
20. 超級銷售話術	杜秀卿譯	180 元
21. 感性培育術	黃靜香編著	180 元
22. 公司新鮮人的禮儀規範	蔡媛惠譯	180 元
23. 傑出職員鍛鍊術	佐佐木正著	180 元
24. 面談獲勝戰略	李芳黛譯	180 元
25. 金玉良言撼人心	森純大著	180 元
26. 男女幽默趣典	劉華亭編著	180 元
27. 機智說話術	劉華亭編著	180 元
28. 心理諮商室	柯素娥譯	180 元
29. 如何在公司崢嶸頭角	佐佐木正著	180 元
30. 機智應對術	李玉瓊編著	200 元
31. 克服低潮良方	坂野雄二著	180 元
32. 智慧型說話技巧	沈永嘉編著	180 元
33. 記憶力、集中力增進術	廖松濤編著	180 元

34. 女職員培育術	林慶旺編著	180 元
35. 自我介紹與社交禮儀	柯素娥編著	180 元
36. 積極生活創幸福	田中真澄著	180 元
37. 妙點子超構想	多湖輝著	180 元
38. 說 NO 的技巧	廖玉山編著	180 元
39. 一流說服力	李玉瓊編著	180 元
40. 般若心經成功哲學	陳鴻蘭編著	180 元
41. 訪問推銷術	黃靜香編著	180 元
42. 男性成功秘訣	陳蒼杰編著	180 元
43. 笑容、人際智商	宮川澄子著	180 元
44. 多湖輝的構想工作室	多湖輝著	200 元
45. 名人名語啟示錄	喬家楓著	180 元
46. 口才必勝術	黃柏松編著	220 元
47. 能言善道的說話術	章智冠編著	180 元

・精 選 系 列・電腦編號 25

1. 毛澤東與鄧小平	渡邊利夫等著	280 元
2. 中國大崩裂	江戶介雄著	180 元
3. 台灣・亞洲奇蹟	上村幸治著	220 元
4. 7-ELEVEN 高盈收策略	國友隆一著	180 元
5. 台灣獨立（新・中國日本戰爭一）	森詠著	200 元
6. 迷失中國的末路	江戶雄介著	220 元
7. 2000 年 5 月全世界毀滅	紫藤甲子男著	180 元
8. 失去鄧小平的中國	小島朋之著	220 元
9. 世界史爭議性異人傳	桐生操著	200 元
10. 淨化心靈享人生	松濤弘道著	220 元
11. 人生心情診斷	賴藤和寬著	220 元
12. 中美大決戰	檜山良昭著	220 元
13. 黃昏帝國美國	莊雯琳譯	220 元
14. 兩岸衝突（新・中國日本戰爭二）	森詠著	220 元
15. 封鎖台灣（新・中國日本戰爭三）	森詠著	220 元
16. 中國分裂（新・中國日本戰爭四）	森詠著	220 元
17. 由女變男的我	虎井正衛著	200 元
18. 佛學的安心立命	松濤弘道著	220 元
19. 世界喪禮大觀	松濤弘道著	280 元

・運 動 遊 戲・電腦編號 26

1. 雙人運動	李玉瓊譯	160 元
2. 愉快的跳繩運動	廖玉山譯	180 元
3. 運動會項目精選	王佑京譯	150 元
4. 肋木運動	廖玉山譯	150 元

5. 測力運動	王佑宗譯	150元
6. 游泳入門	唐桂萍編著	200元

・休閒娛樂・電腦編號 27

1. 海水魚飼養法	田中智浩著	300元
2. 金魚飼養法	曾雪玫譯	250元
3. 熱門海水魚	毛利匡明著	480元
4. 愛犬的教養與訓練	池田好雄著	250元
5. 狗教養與疾病	杉浦哲著	220元
6. 小動物養育技巧	三上昇著	300元
7. 水草選擇、培育、消遣	安齊裕司著	300元
20. 園藝植物管理	船越亮二著	220元
40. 撲克牌遊戲與贏牌秘訣	林振輝編著	180元
41. 撲克牌魔術、算命、遊戲	林振輝編著	180元
42. 撲克占卜入門	王家成編著	180元
50. 兩性幽默	幽默選集編輯組	180元
51. 異色幽默	幽默選集編輯組	180元

・銀髮族智慧學・電腦編號 28

1. 銀髮六十樂逍遙	多湖輝著	170元
2. 人生六十反年輕	多湖輝著	170元
3. 六十歲的決斷	多湖輝著	170元
4. 銀髮族健身指南	孫瑞台編著	250元
5. 退休後的夫妻健康生活	施聖茹譯	200元

・飲食保健・電腦編號 29

1. 自己製作健康茶	大海淳著	220元
2. 好吃、具藥效茶料理	德永睦子著	220元
3. 改善慢性病健康藥草茶	吳秋嬌譯	200元
4. 藥酒與健康果菜汁	成玉編著	250元
5. 家庭保健養生湯	馬汴梁編著	220元
6. 降低膽固醇的飲食	早川和志著	200元
7. 女性癌症的飲食	女子營養大學	280元
8. 痛風者的飲食	女子營養大學	280元
9. 貧血者的飲食	女子營養大學	280元
10. 高脂血症者的飲食	女子營養大學	280元
11. 男性癌症的飲食	女子營養大學	280元
12. 過敏者的飲食	女子營養大學	280元
13. 心臟病的飲食	女子營養大學	280元
14. 滋陰壯陽的飲食	王增著	220元

15. 胃、十二指腸潰瘍的飲食	勝健一等著	280 元
16. 肥胖者的飲食	雨宮禎子等著	280 元

・家庭醫學保健・電腦編號 30

1. 女性醫學大全	雨森良彥著	380 元
2. 初為人父育兒寶典	小瀧周曹著	220 元
3. 性活力強健法	相建華著	220 元
4. 30 歲以上的懷孕與生產	李芳黛編著	220 元
5. 舒適的女性更年期	野末悅子著	200 元
6. 夫妻前戲的技巧	笠井寬司著	200 元
7. 病理足穴按摩	金慧明著	220 元
8. 爸爸的更年期	河野孝旺著	200 元
9. 橡皮帶健康法	山田晶著	180 元
10. 三十三天健美減肥	相建華等著	180 元
11. 男性健美入門	孫玉祿編著	180 元
12. 強化肝臟秘訣	主婦の友社編	200 元
13. 了解藥物副作用	張果馨譯	200 元
14. 女性醫學小百科	松山榮吉著	200 元
15. 左轉健康法	龜田修等著	200 元
16. 實用天然藥物	鄭炳全編著	260 元
17. 神秘無痛平衡療法	林宗駛著	180 元
18. 膝蓋健康法	張果馨譯	180 元
19. 針灸治百病	葛書翰著	250 元
20. 異位性皮膚炎治癒法	吳秋嬌譯	220 元
21. 禿髮白髮預防與治療	陳炳崑編著	180 元
22. 埃及皇宮菜健康法	飯森薰著	200 元
23. 肝臟病安心治療	上野幸久著	220 元
24. 耳穴治百病	陳抗美等著	250 元
25. 高效果指壓法	五十嵐康彥著	200 元
26. 瘦水、胖水	鈴木園子著	200 元
27. 手針新療法	朱振華著	200 元
28. 香港腳預防與治療	劉小惠譯	250 元
29. 智慧飲食吃出健康	柯富陽編著	200 元
30. 牙齒保健法	廖玉山編著	200 元
31. 恢復元氣養生食	張果馨譯	200 元
32. 特效推拿按摩術	李玉田著	200 元
33. 一週一次健康法	若狹真著	200 元
34. 家常科學膳食	大塚滋著	220 元
35. 夫妻們關心的男性不孕	原利夫著	220 元
36. 自我瘦身美容	馬野詠子著	200 元
37. 魔法姿勢益健康	五十嵐康彥著	200 元
38. 眼病錘療法	馬栩周著	200 元
39. 預防骨質疏鬆症	藤田拓男著	200 元

40. 骨質增生效驗方	李吉茂編著	250 元
41. 蕺菜健康法	小林正夫著	200 元
42. 赧於啟齒的男性煩惱	增田豐著	220 元
43. 簡易自我健康檢查	稻葉允著	250 元
44. 實用花草健康法	友田純子著	200 元
45. 神奇的手掌療法	日比野喬著	230 元
46. 家庭式三大穴道療法	刑部忠和著	200 元
47. 子宮癌、卵巢癌	岡島弘幸著	220 元
48. 糖尿病機能性食品	劉雪卿編著	220 元
49. 奇蹟活現經脈美容法	林振輝編譯	200 元
50. Super SEX	秋好憲一著	220 元
51. 了解避孕丸	林玉佩譯	200 元
52. 有趣的遺傳學	蕭京凌編著	200 元
53. 強身健腦手指運動	羅群等著	250 元

・超經營新智慧・電腦編號 31

1. 躍動的國家越南	林雅倩譯	250 元
2. 甦醒的小龍菲律賓	林雅倩譯	220 元
3. 中國的危機與商機	中江要介著	250 元
4. 在印度的成功智慧	山內利男著	220 元
5. 7-ELEVEN 大革命	村上豐道著	200 元
6. 業務員成功秘方	呂育清編著	200 元
7. 在亞洲成功的智慧	鈴木讓二著	220 元

・親子系列・電腦編號 32

1. 如何使孩子出人頭地	多湖輝著	200 元
2. 心靈啟蒙教育	多湖輝著	280 元

・雅致系列・電腦編號 33

1. 健康食譜春冬篇	丸元淑生著	200 元
2. 健康食譜夏秋篇	丸元淑生著	200 元
3. 純正家庭料理	陳建民等著	200 元
4. 家庭四川菜	陳建民著	200 元
5. 醫食同源健康美食	郭長聚著	200 元
6. 家族健康食譜	東畑朝子著	200 元

・美術系列・電腦編號 34

1. 可愛插畫集	鉛筆等著	220 元
2. 人物插畫集	鉛筆等著	元

·心 靈 雅 集· 電腦編號 00

1. 禪言佛語看人生	松濤弘道著	180 元
2. 禪密教的奧秘	葉逯謙譯	120 元
3. 觀音大法力	田口日勝著	120 元
4. 觀音法力的大功德	田口日勝著	120 元
5. 達摩禪 106 智慧	劉華亭編譯	220 元
6. 有趣的佛教研究	葉逯謙編譯	170 元
7. 夢的開運法	蕭京凌譯	130 元
8. 禪學智慧	柯素娥編譯	130 元
9. 女性佛教入門	許俐萍譯	110 元
10. 佛像小百科	心靈雅集編譯組	130 元
11. 佛教小百科趣談	心靈雅集編譯組	120 元
12. 佛教小百科漫談	心靈雅集編譯組	150 元
13. 佛教知識小百科	心靈雅集編譯組	150 元
14. 佛學名言智慧	松濤弘道著	220 元
15. 釋迦名言智慧	松濤弘道著	220 元
16. 活人禪	平田精耕著	120 元
17. 坐禪入門	柯素娥編譯	150 元
18. 現代禪悟	柯素娥編譯	130 元
19. 道元禪師語錄	心靈雅集編譯組	130 元
20. 佛學經典指南	心靈雅集編譯組	130 元
21. 何謂「生」阿含經	心靈雅集編譯組	150 元
22. 一切皆空　般若心經	心靈雅集編譯組	180 元
23. 超越迷惘　法句經	心靈雅集編譯組	130 元
24. 開拓宇宙觀　華嚴經	心靈雅集編譯組	180 元
25. 真實之道　法華經	心靈雅集編譯組	130 元
26. 自由自在　涅槃經	心靈雅集編譯組	130 元
27. 沈默的教示　維摩經	心靈雅集編譯組	150 元
28. 開通心眼　佛語佛戒	心靈雅集編譯組	130 元
29. 揭秘寶庫　密教經典	心靈雅集編譯組	180 元
30. 坐禪與養生	廖松濤譯	110 元
31. 釋尊十戒	柯素娥編譯	120 元
32. 佛法與神通	劉欣如編著	120 元
33. 悟（正法眼藏的世界）	柯素娥編譯	120 元
34. 只管打坐	劉欣如編著	120 元
35. 喬答摩・佛陀傳	劉欣如編著	120 元
36. 唐玄奘留學記	劉欣如編著	120 元
37. 佛教的人生觀	劉欣如編譯	110 元
38. 無門關（上卷）	心靈雅集編譯組	150 元
39. 無門關（下卷）	心靈雅集編譯組	150 元
40. 業的思想	劉欣如編著	130 元
41. 佛法難學嗎	劉欣如著	140 元

42. 佛法實用嗎	劉欣如著	140 元
43. 佛法殊勝嗎	劉欣如著	140 元
44. 因果報應法則	李常傳編	180 元
45. 佛教醫學的奧秘	劉欣如編著	150 元
46. 紅塵絕唱	海　若著	130 元
47. 佛教生活風情	洪丕謨、姜玉珍著	220 元
48. 行住坐臥有佛法	劉欣如著	160 元
49. 起心動念是佛法	劉欣如著	160 元
50. 四字禪語	曹洞宗青年會	200 元
51. 妙法蓮華經	劉欣如編著	160 元
52. 根本佛教與大乘佛教	葉作森編	180 元
53. 大乘佛經	定方晟著	180 元
54. 須彌山與極樂世界	定方晟著	180 元
55. 阿闍世的悟道	定方晟著	180 元
56. 金剛經的生活智慧	劉欣如著	180 元
57. 佛教與儒教	劉欣如編譯	180 元
58. 佛教史入門	劉欣如編譯	180 元
59. 印度佛教思想史	劉欣如編譯	200 元
60. 佛教與女姓	劉欣如編譯	180 元
61. 禪與人生	洪丕謨主編	260 元

・經 營 管 理・電腦編號 01

◎ 創新經營管理六十六大計(精)	蔡弘文編	780 元
1. 如何獲取生意情報	蘇燕謀譯	110 元
2. 經濟常識問答	蘇燕謀譯	130 元
4. 台灣商戰風雲錄	陳中雄著	120 元
5. 推銷大王秘錄	原一平著	180 元
6. 新創意・賺大錢	王家成譯	90 元
7. 工廠管理新手法	琪　輝著	120 元
10. 美國實業 24 小時	柯順隆譯	80 元
11. 撼動人心的推銷法	原一平著	150 元
12. 高竿經營法	蔡弘文編	120 元
13. 如何掌握顧客	柯順隆譯	150 元
17. 一流的管理	蔡弘文編	150 元
18. 外國人看中韓經濟	劉華亭譯	150 元
20. 突破商場人際學	林振輝編著	90 元
22. 如何使女人打開錢包	林振輝編著	100 元
24. 小公司經營策略	王嘉誠著	160 元
25. 成功的會議技巧	鐘文訓編譯	100 元
26. 新時代老闆學	黃柏松編著	100 元
27. 如何創造商場智囊團	林振輝編譯	150 元
28. 十分鐘推銷術	林振輝編譯	180 元
29. 五分鐘育才	黃柏松編譯	100 元

國家圖書館出版品預行編目資料

愛情速配指數解析／彤雲編輯組編著
－初版－臺北市，大展，民88
面；21公分－（命理與預言；57）
ISBN 957-557-929-1（平裝）
1.命書 2.擇偶

293.1　　88006485

愛情速配指數解析

ISBN 957-557-929-1

編 著 者／彤雲編輯組
發 行 人／蔡　森　明
出 版 者／大展出版社有限公司
社　　址／台北市北投區（石牌）致遠一路2段12巷1號
電　　話／(02) 28236031・28236033
傳　　真／(02) 28272069
郵政劃撥／0166955—1
登 記 證／局版臺業字第2171號
承 印 者／國順圖書印刷公司
裝　　訂／嶸興裝訂有限公司
排 版 者／千兵企業有限公司
電　　話／(02) 28812643
初版1刷／1999年（民88年） 7月

定　　價／200元

大展好書 好書大展